匠心铸津品

中国人民政治协商会议天津市河西区委员会 编

天津出版传媒集团
天津杨柳青画社

图书在版编目（CIP）数据

匠心铸津品 / 中国人民政治协商会议天津市河西区委员会编. -- 天津 : 天津杨柳青画社, 2024. 9.
ISBN 978-7-5547-1345-7

Ⅰ. C232.21

中国国家版本馆 CIP 数据核字第 2024YY1997 号

匠心铸津品
JIANGXIN ZHU JINPIN

出 版 者：天津杨柳青画社
地　　址：天津市河西区佟楼三合里111号
邮政编码：300074

出 版 人：刘　岳
责任编辑：田　瑾
文字编辑：谢占伟
责任校对：李晓丹　管博园
装帧设计：王学阳
插图绘制：郭津伟
总编办电话：(022)　28379185
市场营销部电话：(022)　28374517
　　　　　　　　　　28376998
邮购部电话：(022)　28350624
制　　版：绘语文化传播（天津）有限公司
印　　刷：天津市豪迈印务有限公司
开　　本：1/16　787mm×1092mm
印　　张：18
版　　次：2024 年 9 月第 1 版
印　　次：2024 年 9 月第 1 次印刷

书　　号：ISBN 978-7-5547-1345-7
定　　价：180.00 元

编 委 会

1
聚焦西岸
立足西岸之滨
聆听匠心故事
2
放眼天津
纵览津沽大地
感悟匠心精神
3
胸怀家国
征服高山大海
肩负工匠担当
4
叩问匠心
探寻匠心所在
探究津品内涵
“津品”是如何铸就的？
“码”上聚焦西岸 放眼天津

>>>

序　言

罗澍伟

高屋建瓴　向“新”而行

《匠心铸津品》，是近期出版的一部内容精彩、版式新颖、行文流畅、图文并茂的优秀典籍。

《匠心铸津品》，立足海河西岸，纵览津沽大地，聆听匠心故事，探寻匠意精神，笔端携带感情，读之如饮陈醪，可以藉此深入了解一批著名“津品”是如何铸就的。古人说：“书卷多情似故人”，读了这部书，深感此语之不我欺。

天津地处九河下梢，是大运河北端唯一一座可以通海的城市，历史上，享有“小扬州”和“蓟北繁华第一城”的美誉。

天津是中国历史文化名城，是中国北方最为发达的工商业和港口贸易城市，也是“三北”地区的经济中心，并因此造就出一批批出色的大国工匠。

天津港是联系南北方、沟通东西部，连接国内外的海陆交通枢纽，天津港还是海上丝绸之路的战略支点和“一带一路”交汇点，是邻近内陆国家的重要出海口，也是亚欧大陆桥东部最近的起止点。

改革开放后，天津又成为中国首批沿海开放城市；在京津冀协同发展中，天津是全国先进制造研发基地，北方国际航运核心区，金融创新运营示范区，改革开放先行区。

天津工商业一直秉承和发扬历史上形成的艰苦创业、克勤克俭的传统美德，具有开放性的品格和锐意进取的精神，孕育出近百家闻名全国的老字号。天津现代工业从 19 世纪 60 年代起步，经过几代匠人的不懈努力，逐渐形成包括钢铁、石化、轻纺、电子、医药、汽车制造等在内的完整体系。从工业生产到日用生活，从美食佳酿到服装鞋帽，在诸多领域中，一个个闪亮的企业横空出世。精工良匠、名店老厂，老字号、老非遗、老品牌在津沽大地熠熠生辉，也赢得了天津乃至全国百姓的良好口碑。天津老字号资源丰富，既有“中华老字号”，也有“津门老字号”。这些老字号扎根津城，技艺卓越，信誉卓著，几代人匠心传承使老字号发扬光大。这些老字号在生产生活、衣食住行、风俗习惯、审美情趣等方方面面为这座城市带来了深刻的影响。

岁月，掩盖了太多的流年过往。时至今日，尚有不少设计和工程领域的龙头企业，汇聚在海河西岸的北方设计联盟，深度参与国家诸多重大工程建设项目，在各自领域发挥着领军作用。他们的忘我努力，为新时代“匠心”注入了更加丰沛的完美内涵。

《匠心铸津品》一书，构思精巧，以“西岸匠心”为切入点，且没有停留在事物、人物、字号、品牌的表层，而是在高屋建瓴的架构中，生动、具象地讲述了“名匠津品”背后一段段动人的故事。在书中，可以探寻到走街串巷的正宗天津老味道；可以随着时光的倒流，追寻到记忆中的怀旧津产老国货；可以聆听到老辈人讲讲“想当年”，再点开视频看看光影中的“现如今”；可以一起观赏“高峡出平湖”的巍峨壮观，一起瞻仰海天之间顶天立地的“大国工程”；也可以一起了解某个关键细节背后的曲折故事，以及“匠意筑梦”中的苦心经营和执着坚守。书中既有业精于勤的自我锤炼，又有开拓创新的前瞻攻坚；既有实业兴国的家国情怀，又有扎根乡梓的故土情深……尽管流年岁月如此静好，也不乏负重前行时代楷模。

《匠心铸津品》让我们懂得了，匠心是一份热爱与尊重，是对所从事的工作自觉投入；匠心是对品质的极致追求，不达完美誓不罢休；匠心是内心的执着与坚守，心无旁骛，不为物外所扰；匠心是不断的探索创新，在继承中发展，在发展中创新。

《匠心铸津品》立足西岸，放眼津城，用有温度、有力度的文字，记录了津沽大地上无数平凡人物成就的不平凡的匠人故事，使读者在默默的阅读中，能够深切感受到时光的加持、变革的洗礼，感悟到无数大国工匠汇聚、铸就的天津品质。这，分明是一种心态，一种涵养，一种优美，一种境界，一种挥不尽的情愫。

匠心传承，不是一时一地，一蹴而就，而是代代相传、薪火相续。

为打造“传播天津历史文化、展示天津民俗风情”

的旅游消费新地标，今年春节前夕，天津首家老字号集合店，在河西区南楼开业。店堂融入多种消费场景，与琳琅满目的商品互为依托，在消费者游览的过程中形成拍、逛、买、乐为一体的一站式购物体验。

为坚持以数字经济引领高质量发展，日前，天津市政府又批复同意，把河西区“新八大里”及其周边区域，纳入“天开”高教科创园“一核两翼多点”的空间发展布局。全力打造我国北方地区数字经济产业新高地，抢占数字经济新赛道。

《匠心铸津品》适值此时出版首发。因此，这部书的问世，既是记载留存，也是宣传弘扬。仰视，可以明白如何把今天做得更好；俯瞰，可以懂得如何珍惜身旁拥有的一切。所以，我衷心企盼，通过《匠心铸津品》的面世，进一步提高西岸的文化影响力，增强市民文化自信和文化认同，聚力津门各行业、各领域，助推天津高速发展新质生产力建设，为河西、为津城、为中华的腾飞凝心聚力，团结一心，共进共勉，共建共荣。

2024 年 9 月 2 日

01 西岸匠心

02 >>> 名匠津品

03 匠意筑梦

01

西岸匠心

海河柔波勾勒西岸轮廓，西岸之滨底蕴深厚、人文荟萃。美食佳酿、良匠精工、名店老厂……老字号交相辉映，老非遗镌刻传奇。西岸匠心于岁月中薪火相传，闪耀光芒。

天津桂发祥十八街麻花食品股份有限公司

百年桂发祥　开启新篇章

天津桂发祥十八街麻花食品股份有限公司（以下简称桂发祥）是商务部首批认定的“中华老字号”企业，主要从事传统特色及其他休闲食品的研发、生产和销售，其产品包括以十八街麻花为代表的传统特色休闲食品，以及糕点、节令食品、休闲食品、方便食品。主打产品桂发祥十八街麻花，荣获首届中国特色旅游商品金奖、首届中国金牌旅游小吃称号，其制作技艺入选国家级非物质文化遗产代表性项目名录。

桂发祥始终坚持“秉承百年基业，追求创新卓越”的经营理念，大力实施品牌战略，在传承百年老字号宝贵财富的同时，坚持将传统工艺与现代科技相结合、传统文化

天津市河西区洞庭路 32 号

与时尚元素相融合，从一个小作坊发展成为现代化综合型食品企业，成为为数不多的中华老字号食品类上市公司，走向了世界。企业曾荣获全国文明单位、全国五一劳动奖状、全国模范劳动关系和谐企业、全国商业 AAA 级信用企业、全国守合同重信用单位、改革开放 40 年中国餐饮行业老字号新辉煌企业等荣誉称号。

桂发祥于 2016 年 11 月 18 日首次公开发行股票并上市，成功登陆资本市场，现已形成集国资控股、民营、社会公众股于一体的多元投资的混合所有制股权结构，老字号食品企业翻开了发展的新篇章。

深耕津门　枝繁叶茂

“桂子飘香，发愤图强，吉祥如意”，这是“桂发祥”字号的寓意。1927 年，天津卫海河西侧新开张了一间麻花铺，掌柜刘老八，因店铺地处东楼十八街，“十八街麻花”因此得名，一经问世，便以酥脆香甜的口感和久放不绵的特点，成为津门乃至北方美食的翘楚。走过近一个世纪，桂发祥现已形成以直营店为主，经销商、商超及电子商务等相结合，全方位覆盖市场的营销网络体系。桂发祥在天津设有将近 60 家直营店以及 1 家食品主题综合商场，直营体系在销售业绩保证、品牌知名度提升、增强市场话语权方面起着相当重要的作用。

技术革新　转型升级

桂发祥成功实现跨越发展的第一步，就是在传承传统技艺精髓的基础上坚持科技创新，创造性地把传统工艺精髓与现代科技相结合，对传统特色食品的工艺路线、生产设备、包装材料、产品系列及营销手段等进行全方位的革新。从成功研制出第一条电脑程控麻花油炸生产线，到成立高水平的食品研发与检测中心，以及在行业内率先取得 ISO9001 质量管理体系和 ISO22000 食品安全管理体系的认证，公司始终重视研发创新和产品质量，在生产技术提升、产品创新、食品安全上从不放松，并储备了多个国家发明专利产品，全面丰富产品品类，形成了“经营一代、储存一代、开发一代”的产品布局。

2024 年，桂发祥不仅在智能化改造方面成果显著，在数字化转型方面也有诸多创新举措。通过搭建数据仓库和数据处理及分析平台，对数据进行整合与管理；建立多层次管理需求的移动平台，整合协同办公平台与各业务系统，实现流程优化与自动化；开发社区团购、小程序矩阵、

麻花制作工艺流程

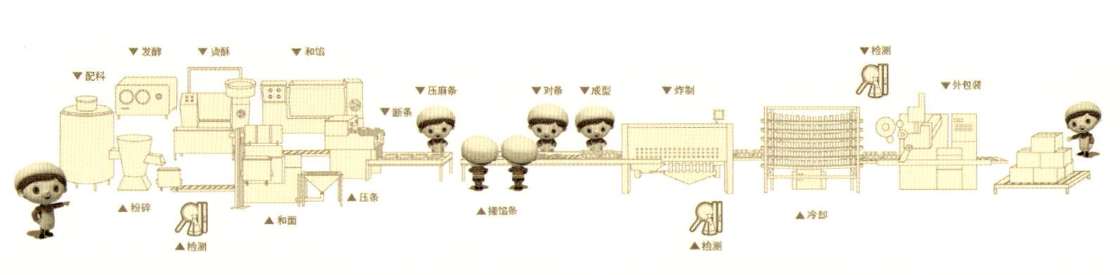

直播购物等数字化应用，实现门店数字化智能运营。

依托数字化管理平台，目前，桂发祥能够充分利用零售终端数据资源，实现会员数字化、门店数字化、产品数字化、供应链数字化、生产数字化“五位一体”的全链条数字化智能运营，实现业务模式再造、转型升级。

改制重组　成功上市

如果说传统食品与现代科技的成功结合，是桂发祥飞跃发展的基础，那改制重组、盘活资本，就是桂发祥做强做大、实现跨越发展的关键。桂发祥积极响应国家号召，开拓思路，打破传统体制和资本投入单一的束缚，增强企业活力、发扬壮大老字号企业改制创新，始终走在企业改革发展的前列。

桂发祥通过改制重组，进一步激发了企业活力，盘活了国有资产，在改制阶段实现了销售收入持续快速增长，充分享受了混合所有制下股权结构优化和多种资本注入带来的发展红利；通过改制重组，不仅引入了资金支持，更通过吸收先进的经营理念，引进科学的公司治理制度，吸引高素质人才，显著提升了管理水平。首发上市成功，使国有资产证券化并大幅增值的同时，也为桂发祥打通资本市场融资渠道，借助资本工具实现产业链整合、多元化业务发展奠定坚实的资金基础。

美食文化　树碑立传

作为一家老字号企业，传统技艺和文化得以发扬是几代人的不懈努力，要把麻花做成美食，要把美食做出文化。“秉承百年基业，追求创新卓越”的经营理念，在传承中创新、在创新中发展成为桂发祥企业不变的坚守。

“桂发祥十八街麻花”的一代代掌门人从未停止过对产品求新求变的脚步，“究工艺”“掘配料”“研口感”“思外形”，将工匠精神内化于心、外化于行，融入每一个制作环节，保留了传统特质与民族文化特色，成为天津的代表性美食。桂发祥主打产品“十八街麻花”是天津文化的象征和文化交流的代表产品之一，其制作技艺入选国家非物质文化遗产名录，使桂发祥在参与市场竞争时具有难以复制和替代的品牌文化优势并入选“天津礼物”特色旅游商品名单。

品牌发展近百年，“桂发祥十八街”具有较高的品牌美誉度和良好的市场形象，品牌文化优势是桂发祥竞争优势的综合体现。在麻花细分市场，桂发祥无论在生产技术、生产规模和品牌影响力上都位于行业前列。

目前桂发祥持续将品牌文化属性具象化，策划、参与文创活动，开发文创产品、旅游纪念品。通过电商渠道的完善、电商运营能力和品牌传播力的提升，促进流量转化，吸引新消费群体，促进业绩增长、品牌影响力和企业效益提升。

原董事长李辉忠
国家级非物质文化遗产传承人

领军人李辉忠

在岁月记录的小小麻花百年留香的光荣历史中，涌现了无数个为桂发祥奋斗的精英人才，李辉忠就是其中一个典型人物的代表。

1968年，刚满18岁的他报名参军，接受了严格的军事训练，培养了坚定的意志和吃苦耐劳的精神。1971年，他转业到了桂发祥，历任组长、副厂长、副经理、厂长、经理等职务。1992年，他被任命为企业一把手。面对企业管理落后、设备简陋、产品品种单一的现状，李辉忠坐不住了。他在职工大会上提出，桂发祥要发展，必须跳出旧的格局，重新调整企业定位。

桂发祥麻花饮食集团有限公司成立后，李辉忠当选党委书记、董事长。权力大了，肩上的责任也更重了。在职工大会上他公开表态："我挑起百年老店这副担子，其实是挑起一份沉甸甸的历史，我愿和大家成为续写老字号新历史的人。"在其后的十几年里，桂发祥在他的引领下，走传统和现代相结合之路，创精品求经典，进行有力度的改革。先是结束了以往前店后厂作坊式的老生产模式，由过去人工操作变为拥有两大生产基地、八个子公司、日产50吨的机械化生产。紧接着为了适应市场需求，又开发出四大系列50余个品种以及中西糕点、休闲食品、应季食品近百个品种，使企业向一流的现代化企业迈进。桂发祥麻花不仅畅销国内，而且远销海外，销售额逐年递增，已陡升至5亿多元，利税也由当初的百万元提升到上亿元。李辉忠把他的从业的心得概括成六句话：以人格力量实现人性化管理，以思维锤炼做到理性决策，以挑战传统把握未来战略，以有效沟通建立高效机制，以大智大勇化解危机矛盾，以创新发展传承老字号精髓。

百年老号　再赋新能

近年来，桂发祥积极打造消费场景，创新产品和服务体验，推动品牌营销模式创新。桂发祥在巩固麻花产品核心优势的基础上，做强品牌，拉大竞争差距；深挖潜力，捋顺糕点战略思路；秉承老字号特色，大力发展方便食品产业。利用地域优势推出天津经典风味的方便食品，开发出嘎巴菜、茶汤等方便食品，从品种、品质、品牌多方面发力，做出吃得香、叫得响、卖得火的天津特色方便食品，推动公司稳健发展。同时，桂发祥以南楼食品广场为载体打造“老字号品牌集合店”，以展示天津运河文化为核心，建设文化特色场景沉浸式消费体验中心，建立与消费者的情感连接。“老字号品牌集合店”吸引了天津乃至全国老字号、知名品牌入驻，也吸引了广大市民打卡、购物，媒体争相报道，市场反应热烈，成为天津老字号品牌商业新地标，是桂发祥经营的新尝试、新亮点。

桂发祥正不断擦亮老字号“津”字招牌，以科技支撑、资本助推，深耕天津、辐射全国。桂发祥——这一历久弥新的中华老字号正绵绵不绝，生生不息，焕发新的活力。■

勾刻印绘 杨柳青青

天津杨柳青画社

天津杨柳青画社成立于 1958 年，现隶属于天津出版传媒集团有限公司，以研究、创作和出版具有 400 余年历史的杨柳青木版年画而著称，是国家新闻出版总署核定的美术图书出版单位和国家文物局认定的文物经营单位，主营美术图书出版、博物馆宣教、非遗传承保护、文化文创产业。

闹中取静　文韵悠长

天津市河西区佟楼三合里 111 号

在天津市河西区佟楼三合里 111 号，高楼林立的闹市一隅，坐落着一幢仿古建筑——天津杨柳青画社。探访画社，曲径通幽，闹中取静。一进画社大门，映入眼帘的是朱门碧瓦，雕梁画栋，浓郁的传统文化气息扑面而来。宽敞的大院中，天津杨柳青木版年画博物馆和画社办公楼一左一右，遥相呼应。非遗传承与美术图书出版并立共荣，搭建起画社事业发展的大板块、新蓝图。

作为一个具有 60 多年历史的文化事业单位，画社以品牌、务实、融合、服务作为发展理念，具有“国家级非物质文化遗产生产性保护示范基地”“国家文化产业示范基地”“国家非物质文化项目重点保护单位”“全国版权示范单位”“2023 年度中国十大著作权人”“中华老字号”等称号。同时，画社也承担着社会公益职能，被评定为“天津市学校中华优秀传统文化艺术传承基地”“天津市学校美育实践基地”“天津市中小学生劳动教育实践基地”，入选“第一批天津市传统工艺振兴目录”。

作为国家级非物质文化遗产项目重点保护单位、天津市首批国家级非物质文化遗产生产性保护示范基地，画社始终致力于非遗的活态传承，一代又一代的画社人坚守本职，薪火相传。在这里，国家级非遗项目杨柳青木版年画、市级非遗项目木版水印技艺、区级非遗项目书画装裱与修复技艺落地生根，蓬勃发展。

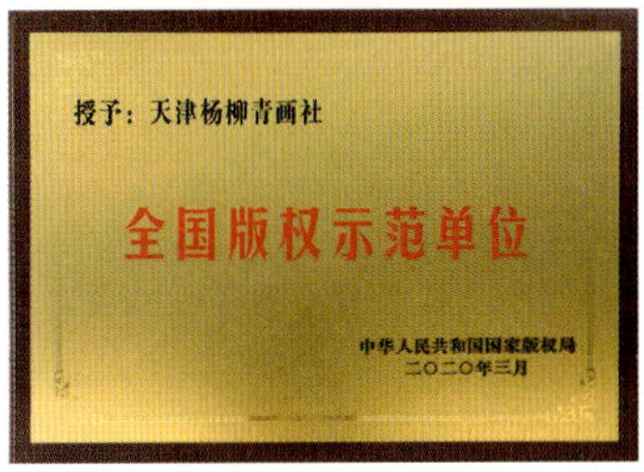

百年沧桑　浴火重生

清末，中国饱受帝国主义侵略，内乱肆虐，年画也受到了巨大的冲击。中华人民共和国成立后，杨柳青木版年画得到国家的重视和保护，天津市文化局（现天津市文化和旅游局）对杨柳青木版年画这一民族艺术瑰宝开始了大规模的抢救工作，对技艺精湛的民间艺人实施了根本性的保护，并为此成立天津杨柳青画店（后更名为天津杨柳青画社），使凋零的枯枝重发新芽，天津杨柳青木版年画艺术成为最早得到国家保护的民间艺术之一。

为更好地保护杨柳青木版年画，画社于 2008 年 9 月筹建天津杨柳青木版年画博物馆，并于 2011 年 7 月 22 日正式开馆，其是以收藏、研究、展示具有浓郁特色的杨柳青木版年画为主题的公益性博物馆。博物馆外观为仿古建筑，建筑面积 3535 平方米，收藏自明代以来年画万余张，

文化局老领导张映雪（右）与年画老艺人

版库

古版 6400 余块，在建筑规格、展品数量、馆藏丰厚上位居中国年画博物馆之首，对研究天津以及中国北方地区的民俗民风，更好地保护和传承杨柳青木版年画具有重要的作用。博物馆内各展厅依照年画题材设计沉浸式体验空间，充分利用“前店后厂”的资源优势，开放工艺流程的制作环境，打造中国年画产地中最大的活态保护空间和展示场域，还原了年文化的民俗民风，使展览内容更加立体生动。

古版藏珍　留根铸魂

在天津杨柳青木版年画博物馆的地下一层，有一间静谧幽暗的库房。进入库房，骤然点亮的灯光让库里的一切瞬间清晰起来，雕版如云，别有洞天。这里是画版的天地。层层叠叠的架子上，6000 多块画版大气磅礴，蔚为壮观，是天津杨柳青木版年画博物馆的镇馆之宝。

这些画版大多是清代和民国的旧物，是杨柳青年画存在、发展、繁荣、衰落、抢救、保护的见证，是独一无二的历史遗存。在经历了战争、火灾、洪水、匪患等颠沛流离之后，它们落户画社，在这间版库中得以栖身。画版上精细的线条凝聚了无与伦比的巧思与匠心，是年画生产的关键环节，自诞生之初，就是各家画店的“核心竞争力”。画版，既是实实在在的生产劳作的物证，也是一份财富，是先人给予后辈的祝福，辗转流传，犹有余温。

大美年画　吉祥精美

杨柳青木版年画的造型方式和艺术风格继承了民间版画和重彩工笔画的艺术特点，在众多民间年画中，风格独特，卓尔不群。它以生动的题材、精致的形象、富于装饰趣味的构图，把农耕社会的文明和生存体验表现得淋漓尽致，成为迎接新岁、纳福履吉的重要载体。杨柳青年画在发展过程中兼容并蓄、无美不臻，有着深刻的历史背景和文化内涵，是我们祖先留给人类的艺术活化石。

杨柳青木版年画内容广泛，不仅反映世俗生活，还包含了民间信仰、历史故事、神话传说、风俗时事、文学典

故、儿童生
活、传统戏曲、
风景名胜、花鸟鱼虫、
格言劝诫、时事新闻等。
杨柳青年画还喜用谐音和象征
的手法，表达出吉祥瑞庆的寓意，
深受大众喜爱。

连生贵子

勾刻印绘　匠心传承

杨柳青木版年画的制作包括“勾、刻、印、绘”四道工艺，创作过程繁复，每道工艺均蕴含着多种民间体验，依靠口传心授，承继至今。杨柳青木版年画在刻印、套色的基础上，追加了绘画工艺，制作中先印再绘，达到了更加细腻的艺术效果。

在套出主要色彩之后，其衣饰等部位用人工填色彩绘，特别是人脸要用人工晕染，进一步勾画眉眼，使其整体接近绘画效果。除画师起稿和刻版师刻版外，套印和手工绘画的好坏直接关系着画的最终效果和质量，它是一件集体合作的成品。

勾稿又称过稿，是用薄且透明的纸在画师创作的原稿上进行誊描。勾出的线条不仅要体现原作艺术性的笔法，还要兼顾适宜刻版的笔力。

刻版包括墨线版和套色版，材料用杜梨木或梨木。刻工以刀代笔，以线条为依据，剔刻出具有动感的边界。刻

套色

版技术是体现画稿水平的关键，是对画稿的二度创作。

套印是年画的普遍生产方式。印墨线使画面有了轮廓，套色是在轮廓的基础上分布色彩。杨柳青木版年画的一般套色顺序是：浅墨、黄、橙、绿、蓝、大红。

彩绘是在套印结束后，用手工绘制人物的头脸、衣饰花纹及背景的细微部分，活细费工，但成品明显区别于套印呈现的版画效果，更像是一幅完整的绘画作品。

国家级非物质文化遗产传承人王文达

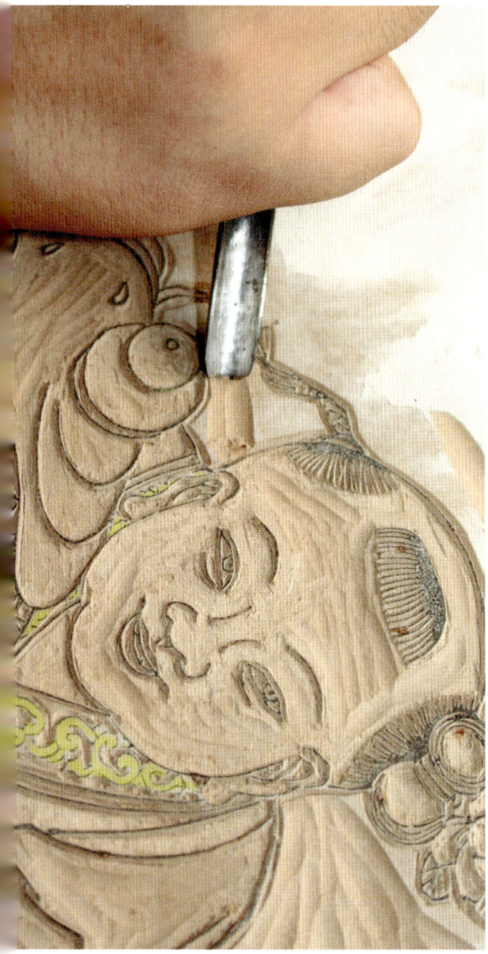

匠心独运　镌刻人生

1960年，16岁的王文达考入当时的杨柳青画店“年画训练班，师从当时为支援杨柳青画店的建设而从北京荣宝斋借调来的肖福荣和李长江两位师傅。在学习期间，师傅们都称赞王文达有灵气、有悟性，年轻的王文达备受鼓舞，下决心苦练技艺，从此走上了木刻之路。

在刻版技艺中最难的、最尖端的地方就是刀法。中国画以线条为主，杨柳青木版年画也是一样。刻版师在刻之前要充分地、反复地研究原作，理解原作的内容、风格、用笔特点等。王文达善于钻研，也喜欢绘画，通过学习中国绘画和相关业务知识，王文达提高很快。他善于转化，以刀代笔，一刀一刻、一笔一画地在版子上将原作复刻出来。对于木刻师傅来说，用刀时要像画师用笔一样灵活，手腕灵动，用力均匀，使年画线条呈现出毛笔勾线所无法呈现的挺拔、硬朗的效果，这也就是杨柳青木版年画为何拥有独特的“木味”与“版味”的原因所在。

王文达每每拿起刀就像练功入静一样，沉下心来，将全部的心思和精力都集中在刻版上。通过日复一日地练习和揣摩，他的技艺也在不断锤炼中得到提升。2007年，王文达被评为第一批国家级非物质文化遗产项目杨柳青木版年画代表性传承人。刻画版、带徒弟，王文达的担子更重了。长年累月的木刻，也影响了王文达的健康，眼睛花了，背部也因为常年劳损变形了……回顾自己的经历，王文达觉得很满足，因为发自内心地热爱这项工作。谈到愿望，老人说得很实在：“希望身体健康，还能多刻点东西、多教点徒弟，继续为杨柳青木版年画的传承和发展奉献力量。”

生命不息　传承不止

1960年，16岁的冯庆钜进入了天津杨柳青画社，从此与年画艺术结下不解之缘。

进入画社的第一年，初入社的学员们都跟随很擅长杨柳青年画粗活的张兴泽先生学习技艺。张兴泽先生是杨柳青画社的前身——年画生产互助组的发起者之一，以年画中的粗活见长。冯庆钜白天跟先生学习绘画，晚上补习文化知识。学习了一段时间后，认真且用功的冯庆钜正式被分到了粗活组，师从张兴泽先生。在张师傅的教导下，冯庆钜很快就掌握了粗活的基本绘制技法。粗活不同于细活，最重要的就是熟练之后的手感，下笔要放得开，需要练就洒脱自如的手感。大笔一挥，要把手“甩”起来。“甩”出有冲劲儿的活，才能算好的粗活，如同国画中的大写意和泼墨。

跟着张先生学了不到一年，冯庆钜又被另一位大家——画细活的潘忠义先生看中，并收为关门弟子。潘忠义先生绰号“潘美人”，擅长画仕女美人。于是，冯庆钜和师傅潘忠义、师姐赵玉娥组成了一个小团队。杨柳青年画的特点是“半印半绘”，其中彩绘讲究颇多，包括上粉脸、染脸、勾脸、烘脸、开眼、点嘴、出相子、青头皮等工序，看似简单的“做脸”，就需要20多道工序，可见技艺要求之高。在潘先生的悉心教导下，冯庆钜勤学苦练，快速成长起来，也与潘先生结下了如父子般深厚的感情。

在多年的工作中，冯庆钜勤于思考、善于观察，更善于总结归纳。例如，彩绘的第一道工序是矾纸上墙，就是将生宣的画稿贴在木制的画门子上，用矾水熟化生宣的过程。不用熟宣是因为使用熟宣时不好控制矾的用量，量大了不沾色，量小了塌色，因此一直都是使用生宣，然后由艺人自己调矾水的比例。老师傅带徒口传心授“一把胶，一把矾，三碗水”，但其中关键比例的拿捏是老师傅经年练就的，年轻人却难以参透。后来，细心的冯庆钜就请师傅专门演示了一次勾兑矾水的过程，把师傅抓的“一把胶”“一把矾”“三碗水”都用专门的计量工具称重，再根据数据换算成准确的比例，于是传统工艺技术得到了量化改进。冯庆钜正是以这样的钻研精神，数十年如一日尽心尽力做好传承保护工作，为年画事业的发展贡献自己的力量。

国家级非物质文化遗产传承人
冯庆钜

时代春风　老号新生

守正创新

多年来，画社深耕美术图书出版，推出国画、油画、书法、少儿以及具有杨柳青年画特色的民间艺术类图书，以高品质、精印制赢得读者。画社以“品牌、务实、融合、服务”为出版理念，依托社内天津杨柳青木版年画博物馆的馆藏优势和宣教优势，推出多种杨柳青年画出版物，发挥文化辐射功能，实现出版“走出去”，面向世界讲好中国故事，弘扬中华优秀传统文化。画社积极推进融合出版，实现出版升级，同时挖掘年画元素，研发多种年画文创，让年画焕发光彩，融入现代生活。

《海河绘》是天津杨柳青画社年轻一代传承人，运用杨柳青年画的独特色彩表达方式和造型原则，手绘海河沿岸重点景观，展现天津城市建设、经济发展、生态文明、文旅融合的恢宏年画长卷。作品起自海河起点三岔河口，止于天津港，重点刻画了海河沿岸具有代表性的 18 座姿态各异的桥及河边地标景观、古今洋楼、港口等风貌，描绘了古老与现代、东方与西方、宏大与市井交融的天津独特城市风格，展现了天津城市的美丽风光和无限活力。这一图书项目探索“非遗 + 数字藏品”模式，数字藏品瞬间售罄。项目的成功也使画社的传播活力大幅提升，经《中国文化报》评定，当年天津杨柳青画社首次进入非遗老字号企业传播活力榜前十，居第八位，整体数字藏品经济为画社创造百万级销售额，形成融合出版热点。

图书《杨柳青木版年画》（中法版）

图书《年画绘百态》

《海河绘》折页

老版复生

画社一直以生产建社后重刻的年画品种为主，影响消费市场的普遍认知。“老版复生”工程将社藏古版规划成符合市场消费内容的研发赛道，按照复制、创作、生产、设计不同的工作类别，分类进行艺术人才建设，逐步积累工作经验。创作的《吉庆有余》《鱼龙变化》《富贵有余》《二八登科》《八百千秋》《二甲传胪》一经投放市场，反响热烈。

老版复生年画《鱼龙变化》

寓教于乐

作为“天津市学校中华优秀传统文化艺术传承基地”“天津市学校美育实践基地”“天津市中小学生劳动教育实践基地”，画社注重教育普及与传播，研究和挖掘现有的年画和画版资源，设计开发体现天津地域文化特色的非遗项目技能体验课，接待了一批又一批小客人。同时，画社还加深与教育部门的合作，通过课程的学习、大赛的组织等方式使学生接触了解天津本地非物质文化遗产项目，接受家乡传统民俗文化的熏陶，开拓文化视野，增强对乡土文化的自信心和自豪感，厚植家国情怀。家住附近小区的居民在闲暇时也经常到馆里参观，一家人扶老携幼，画里画外讲的都是和睦团圆，因此博物馆也被家住附近的居民亲切地称为“开在家门口的博物馆”。

研学活动

与时俱进

强化与时俱进意识，画社一方面着力开发文创新品，深层次挖掘、吸纳、提取年画中的非遗经典元素，在中国元素、创新性、潮流性上下功夫，“活”在当下，“活”在津彩，使其更加符合当代年轻人消费需求。在杨柳青木版年画中提取视觉符号，设计数字文创产品，提高产品本身的文化附加值。另一方面，画社提取年画经典元素、创作研发的满花版、古字版、吉祥水果、瑞兽、传统娃娃等新产品。本册、杯子、包袋、冰箱贴、服饰、书签、挂饰、拉环本……杨柳青年画美物集合，装点美好生活。

文创新品

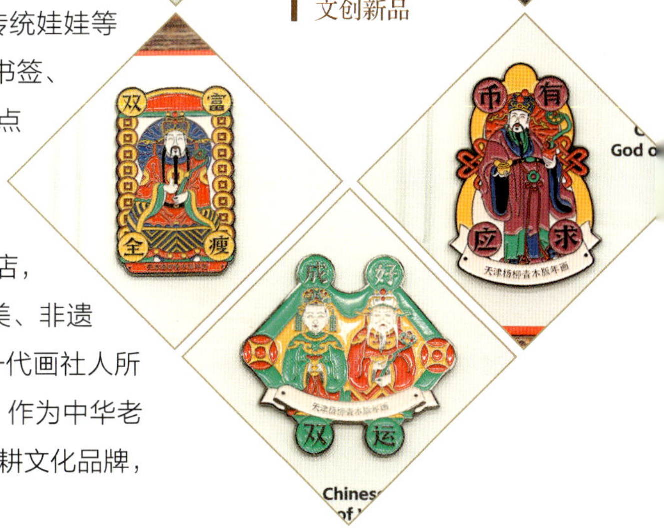

杨柳青年画变了，变得更年轻、更时尚，更有活力。走进装修一新的古文化街杨柳青画店，传统与现代碰撞，非遗与潮流共存，年画之美、非遗之美被发现、被重新定义，而这也是一代又一代画社人所为之努力奋斗的事业，热爱不减，匠心如一。作为中华老字号，天津杨柳青画社以美育人，以文化人，深耕文化品牌，传递文化力量。■

泥塑传神 逐梦芳华

天津泥人张彩塑工作室

泥人张彩塑艺术，创始于清道光年间，至今走过了近200年的历程。泥人张彩塑是我国北方传统雕塑的杰出代表，在中国美术史中享有重要地位，已成为天津独具特色的文化名片，在国内及国际文化交流中发挥着重要作用。

工作室史话

1959年，在天津市政府和天津市文化局（现天津市文化和旅游局）的大力关怀和扶植下，天津泥人张彩塑工作室成立了，这让濒临绝境的泥人张彩塑艺术重获新生。工作室的建立是党和政府重视我国优秀传统民间文化保护传承工作的最好见证，为今后彩塑事业发展指明了方向，奠定了发展基础。至此，泥人张彩塑由家族性传承转变为

天津市河西区马场道202号

社会化传承，成为社会化的艺术事业。

1963 年，泥人张彩塑工作室在中国美术馆成功举办彩塑艺术专展，引起巨大反响，周恩来总理委托邓颖超、陈毅同志为展览开幕剪彩，郭沫若先生当场赋诗一首：“用泥造人首女娲，明山泥人锦上花，昨日造人只一家，而今桃李满天下。”1976 年后，彩塑人迎来了文艺繁荣的第二个春天，1983 年重新更名恢复为“天津泥人张彩塑工作室”，吴作人先生题写牌匾。老一辈彩塑人挑大梁成为骨干，陆续招收三批学员共十余人，新作品不断问世，新人不断涌现。1986 年 10 月由天津市艺术博物馆、泥人张彩塑工作室联合召开的泥人张一百六十周年纪念研讨会，同时在天津市艺术博物馆举办了泥人张彩塑名作展览。伴随着改革开放的春风，工作室各项工作得到长足的发展，泥人张彩塑被列入《中国美术全集》，作品入选历届全国美术展览、多件作品被中国美术馆收藏，成为天津美术界的荣誉。1988 年，在天津工艺美术学校招收代培生 19 名，为彩塑发展提供了人才储备，目前，这些学员中有的已成为彩塑界领军人物，多数学员也都成为中坚力量。

春江花月夜

林钢与《梦娃》

近年来，工作室充分发挥公益一类单位在弘扬社会主旋律和意识形态工作方面的阵地作用。2013 年初，《梦娃》入选“中国梦，我的梦”公益广告，成了“中国梦”的标志性作品之一。工作室被中宣部文明办命名为“中宣部公益广告创作基地”。2017 年，工作室与延安鲁艺旧址纪念馆、延安鲁艺旧址文化产业创意园合作建立了“泥人张彩塑工作室创作基地”，是全国继中央美术学院的第二个创作基地。2018 年，工作室圆满完成了习近平总书记和国外总统在津的重要外事活动的文化展示工作，并为国外总统塑制了彩塑人像，作为国礼赠送给本人。2023 年，工作室在第二届全国技能大赛中泥人张彩塑获得“最受欢迎的十大绝技”殊荣。

《梦娃》原名《憧憬》，表现孩子对未来的美好向往。其作者林钢，1978 年考入天津泥人张彩塑工作室，是高级工艺美术师、中国网络电视台公益广告艺术委员。

20 世纪 80 年代初，林钢去河北省兴隆县半壁山深入生活时，发现一个 4 岁叫二妮的小女孩从窗户向外望，逗她，她还不好意思。她那种天真可爱、无忧无虑的神态给林钢留下了深刻印象。依据这一形象，林钢创作了这件彩塑作品。孩子的身躯、头发在艺术表现上采用概括、写意的手法，使之突出孩子的面部，让作品更完整，孩子圆圆的脸上充满着善良温和，一汪水般的童真目光，给人以梦幻般的想象空间。

梦娃

2013 年，中宣部、中国网络电视台公益广告制作中心来天津泥人张彩塑工作室考察，在众多优秀作品中发现了《憧憬》这件作品，并最终更名为《梦娃》。一清老师为作品配诗："始信泥土有芬芳、转眼捏成这般模样，你是女娲托生的精灵，你是夸父追日的梦想。让我轻轻走过你跟前，沐浴着你童真的目光；让我牵手与你同行，小脚丫奔跑在希望的田野。呵、中国，我的梦，梦正香……"这使这件作品既有传统文化的特色，又有"中国梦"价值观的宣传。至此，《梦娃》红遍祖国的大江南北，成为"弘扬传统文化传播社会主义核心价值观"为内容的系列公益广告代言人。

2015 年，《梦娃》被做成"图说我们的价值观"特种邮票，登上了国家明信片。《梦娃》代表天津的民间文化走遍全国、走向世界，它的身影出现在全国的大街小巷，出现在北京西单人流密集的商业大厦、首都国际机场，甚至出现在天安门广场；出现在网络、电视、报刊、手机上，央视的《新闻联播》《焦点访谈》《文化正午》等栏目相继报道。

弘一法师

2015 年春节，《梦娃》受邀担任了面向全球直播的春晚网络虚拟主持人。网络电视台还以彩塑《梦娃》为原型推出"梦娃"动漫系列公益广告，在全球传播超过亿次，获得全社会的好评和鼓励，营造了培育和践行社会主义核心价值观的良好社会氛围。《梦娃》原作代表天津文创产业集团参加了北京第九届国际文化博览会，还参加了中国深圳国际文化产业博览会，受到群众的欢迎，做客天津广播电台《夜访百家》栏目，做客天津经济广播《魅力非遗》专题节目，做客天津广播电台新闻台十一国庆特别节目，专访关于《梦娃》的故事。

传承发展

2006 年，泥人张彩塑列入首批国家级非物质文化遗产名录，这也是对工作室多年来致力于非遗保护工作的高度肯定。2013 年，在中国美术馆再次成功举办了泥人张彩塑进京展，作品多为反映现实生活，弘扬社会主义核心

格桑花开

价值观的新作，在工艺美术界引起了较大的反响。2021年，在中国美术馆举办“彩墨香泥笔未荒——天津泥人张彩塑工作室中国工艺美术大师作品邀请展”，浓缩和见证了泥人张彩塑在中华人民共和国成立后的传承与发展。

工作室多年来与天津市少年宫、天津老年大学、天津文昌宫小学、太阳雨罕见病关爱中心、市监狱管理局等单位合作开展彩塑义务培训工作，每年完成公益培训50余场次，为非遗的保护宣传和传承发展起到积极的作用，为弘扬社会主义核心价值观和传承普及泥人张彩塑艺术做出了自己的贡献。为培养尖子人才和后备人才做好储备，工作室通过组织采风、深入基层体验生活、参加各项专业展会比赛等方式，为青年人创造条件、提供机会，为泥人张彩塑艺术的传承和发展积聚力量。

工作室成立60多年来，始终坚持以人民为中心的创作导向，扎根人民、扎根生活，不断创作思想精深、艺术精湛、制作精良的精品力作；努力践行习近平总书记提出的“在推动文化传承发展上善作善成”的重要指示，继承和发展好泥人张彩塑艺术，不断赋予传统文化新的时代内涵，让泥人张彩塑这张天津特有的文化名片更加璀璨夺目。■

美食佳酿 誉满中华

天津食品进出口股份有限公司

天津食品进出口股份有限公司是集进出口业务、国内贸易、研发和生产加工于一体的全方位、多功能综合性外贸企业，是中国食品土畜商会理事会成员，拥有众多享誉海内外的品牌，如长城牌、金星牌、义聚永记等。

长城牌

传承　荣誉

1954 年，公司为出口的罐头商品设计制作商标，并选定了长城，邀请国画家赵松涛绘制长城图案，而“GREATWALL”图案由公司前辈盖世凤先生手书。1959 年 11 月 1 日，长城牌商标正式在国家工商总局商标局注册。

天津市河西区湘江道 47 号

长城牌先后被认定为“中国驰名商标”“天津市著名商标”“天津市名牌产品”“天津市老字号”“中华老字号”。

长城牌罐头在国内外屡获殊荣。1988 年首届中国食品博览会授予长城牌芦笋罐头博览会金奖。长城牌芦笋罐头在 1988 年和 1992 年两次荣获法国巴黎国际食品博览会金奖。1994 年，长城牌糖水白桃罐头和牛尾汤罐头分别荣获亚太地区博览会金奖和银奖。

作为中国出口罐头的主要口岸公司之一，特别是猪、牛、羊肉罐头曾经是全国最大的出口公司，长城牌商标注册后，陆续推出了红烧类肉罐头、午餐肉罐头等罐头。

长城牌罐头出口半个多世纪以来，一直以卓越的品质、纯正的用料、独特的工艺保持着色香味俱佳的口感，在世界范围内享有极高盛誉，畅销国际市场。

天津白猪仔　美誉冠香江

香港远大贸易公司（以下简称远大公司）自 1964 年成立后，一直经营内地输港的工业食品。当时公司负责北京、河北、东北三省、内蒙古等口岸的罐头出口（东北三省、内蒙古用红梅牌），品种很多，由远大公司负责经销。

20 世纪 60 年代，两公司共同开发和研制咸牛肉和火腿猪肉两个新品种。其中，长城牌咸牛肉罐头主要参考南美巴西同类品种，结合中国的牛肉资源，研制出具有中国特色风味的牛肉商品；长城牌火腿猪肉罐头是在猪午餐肉的基础上开创出来的。

20 世纪 70 年代，远大公司联合了香港 40 多家批发商组成“国产罐头联谊组”积极推销长城牌火腿猪肉罐头。宣传口号为：“长城牌火腿猪肉罐头，品质佳、味道好”。

此后，长城牌“白猪仔”成为香港家庭主妇口中火腿的代名词，被誉为“聪明主妇的最佳选择”，占香港 60% 的市场份额，成为中国罐头最有代表性的经典品种。

长城牌咸牛肉罐头一直以出口马来西亚、文莱、印尼国家以及中东、非洲、中国香港等地区为主。出口部分东南亚国家时，长城牌咸牛肉罐头经过严格的清真认证，所有规格品种的长城牌咸牛肉罐头都是在清真车间生产，经过清真认证，持有清真食品认证证书。

继往开来　创新发展

在新时代，公司把品牌战略提到了前所未有的高度，列为企业发展的重中之重，坚持在传承中创新品牌，在竞争中维护品牌，在发展中经营品牌，全方位加强品牌建设。在品牌经营过程中，坚持以市场为导向，产品为关键，全面提升公司品牌在国际、国内市场中的竞争力。

维护品牌的核心是产品质量，公司始终把产品质量放在首位，做了大量详实的工作。为加强品牌建设，迎合消费市场新需求，公司强化新品种罐头的研发，陆续推出了香辣、蒜香、烟熏、低钠、优质午餐肉等罐头品种。凭借“小白猪”罐头在市场积累的良好口碑，长城牌罐头也主动拥抱创新，推出一系列新品，如单片包装、90% 以上含肉量罐头、芝士午餐肉、香辣午餐肉、粟米午餐肉等符合年轻一代口味的单品。单片包装产品便捷易携带，满足了消费者对便捷性的需求。极高含肉量的罐头则满足了消费者对高品质、高营养价值的需求。通过不断地努力，长城牌罐头目前不仅已经形成肉、菜、汤全系列罐头，而且有满足伊斯兰地区需要的清真系列罐头。

義行天下　聚德载福　永恒金星

天津酿酒业“始于元，兴于明，盛于清”可追溯到700年前的大直沽。天津曾是中国北方的酿酒发源地之一，享誉全国，从清代到民国中期酿酒业一直是天津经济的龙头。

义聚永很早就有“大直沽第一锅”之称。创始人刘鑫先生在传承元代大直沽烧锅酿造技艺的基础上研发了独特的津派大曲清香型白酒，不仅使天津清香型白酒享誉津门，还被广东、福建、汕头商人包销并出口南洋，使天津酒业走向世界。义聚永第二代传人刘桂森（字香久）先生于1923年创始了金星商标，并先后在南洋和香港注册了中英文版，是中国最早使用酒类商标且在海外注册的酒企之一。1931年，义聚永在香港注册，转口到世界各地；1934年，义聚永作为天津唯一的酒商先后参加“首都国货展”和“芝加哥博览会”，使义聚永作为国货精品跻身于世界级展会的大雅之堂。金星牌商标沿用至今，在海外各国和华人圈中享有盛名，成为代表民族声誉的知名品牌。

天津义聚永酒业酿造有限公司的前身为大直沽义聚永烧锅。1956年实行公私合营，义聚永、义丰永、同聚永、广聚永等天津仅存的10家私营酒庄合并到中国食品出口公司天津分公司，即天津食品进出口股份有限公司的前身，实行统一生产、统一标准、统一管理、统一对外出口，此后义聚永走过了半个多世纪专供出口的辉煌历程。经过几代人的传承经营，2006年金星牌被商务部评定为首批“中华老字号”，2010年义聚永记被评定为“中华老字号”，玫瑰露酒、五加皮酒、高粮酒的酿造技艺被列为天津市非物质文化遗产。

天津义聚永酒业酿造有限公司主要生产和销售具有百年历史义聚永金星牌、金花牌、金钟牌玫瑰露酒、五加皮酒、高粮酒及其他酒类。公司具有较大规模的大曲酒发酵能力与基酒自然老熟的储存能力，生产严格遵循操作规范。作为天津食品进出口股份公司的独资企业，公司设备功能齐全，是集科研、生产、检验、仓储为一体的大型现代化酒厂。

注册 ® 商标
金星牌
GOLDEN STAR BRAND

YIJUYONGJI
義聚永記
1326

义聚永第二代传人刘香久

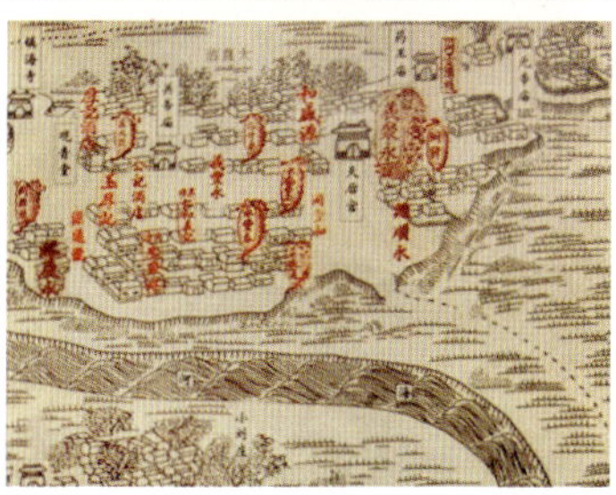

酒厂拥有员工 150 多人，天津酿酒协会白酒、果露酒评委 2 人，国家级白酒评委 1 人及果露酒评委 1 人。

义聚永高粮酒

义聚永高粮酒酿造技术源于元代大直沽海运兴盛时期，是传承百年的清香型大曲酒，在国内清香型白酒中独树一帜。义聚永高粮酒的原料是华北地区特有的红高粱（白酒界称为粳高粱），它有别于南方的糯高粱和其他品种的高粱，含有较多的直链淀粉和单宁等成分，发酵后产生的芳香族化合物使酒味芳香醇厚绵长，是生产清香白酒的最好原料；酿酒所用的大曲是以大麦、小麦、豌豆按义聚永独家配比制成的糖化发酵剂；酿酒所用的水是弱碱性最软水，硬度低于 4 度（德国度），极利于白酒的发酵生香。

清人诗句有“茵陈玫瑰五加皮，酒性都从药性移。还是高粱滋中厚，寒宵斟酌最相宜”的赞誉。康熙、乾隆年间，地处“路通七省之冲，地当畿辅之津”的天津商业繁荣一时，

促进了酒业的兴盛。天津官员为迎接康熙和乾隆皇帝预备的“御膳”中，供奉的即是天津的玫瑰露酒、五加皮酒和高粮酒。民国初年，天津庆王府设宴多使用本府自制的香白酒。该酒系以义聚永酒坊经理刘桂森进奉上好的高粮酒为基酒，加上府内仆役投入的水果、中草药入坛封制而成。义聚永高粮酒曾有“开坛十里香”的美誉，长期以来以其独特的风格和上佳的品质倍受国内外消费者的喜爱，并曾在 1915 年巴拿马博览会上获金奖，在 1951 年举办的华北物资交流展览会上，与“山西汾酒”“北京二锅头”等一起被评为华北名酒。1954 年，义聚永生产的高粮酒应邀参加莱比锡博览会。近年来，韩国的影视剧中涉及中国餐馆的镜头时，经常可以看到金花牌高粮酒的身影，在韩国享有很高的知名度。

义聚永玫瑰露酒

义聚永玫瑰露酒以义聚永高粮酒为基酒，精选盛产于中国西北地区平均海拔在 800 米以上的优质重瓣红玫瑰，经 66 道古法工序酿制而成。在日出前采摘含苞待放带有露珠的新鲜重瓣红玫瑰，挑出枝叶、撒酒、拌花、装坛、血封。“血封”为义聚永最独特的制作工艺之一，封坛时需用透气性和密封性最好的毛头纸和猪血层层密封后存储 2 年以上，然后再经过独特的火露古酿法露制。

火露工艺至今已有 500 多年的历史，底锅、甑子、酒管、连接容器等均为紫铜所制。酿制露酒，火候最为关键，讲究“前快、中缓、后急”，全凭老师傅的眼看、鼻闻、手摸来掌控。接酒时根据“花”“色”“香”来反馈火候，“一看、二闻、三火候”，即是对火露酒酒工艺操作的准确概括。如此古老的工艺生产出的义聚永玫瑰露酒玫香优雅，花香怡人，酒香醇厚，是纯天然的绿色产品，具有疏肝理胃活血养颜的保健功效，平日适量饮用，有助健康，也可作为餐后酒，或调制成多种鸡尾酒饮用。把义聚永玫瑰露酒作为料理酒用来烹饪，可广泛与各种鱼、肉类食材搭配，味道鲜美，回味无穷。

义聚永五加皮酒

五加皮酒具有深厚的文化积淀，被誉为中国古代十大贡酒之一。百余年来，义聚永五加皮酒因盛行海内外，一时间成为五加皮酒的品牌代号。著名作家高阳在《李鸿章》一书中多次提到时任江苏巡抚的李鸿章以“天津五加皮”款待客人；现代作家秦瘦鸥在《秋海棠》中描写秋海棠来到天津演出时，其师兄赵玉昆几乎每天都要畅饮本地五加皮酒，由此可见天津五加皮酒当年在大江南北的流行程度。此外著名作家鲁迅、梁实秋、聂绀弩、戴望舒、蔡澜等都有饮用天津五加皮酒的记载。中国台湾著名散文作家林清玄深谙饮酒之道，曾将“春天的时候可以面对满园怒放的杜鹃细饮五加皮”列为饮酒境界的上乘之首。

义聚永五加皮酒以义聚永高粮酒为基酒，配以20余种名贵中药材，严格遵循传统工艺封存2年，使药材的有效成分充分溶解在酒中，之后再经过配制、自然澄清等工序精制而成。酒液浓郁，呈现鲜艳的红宝石色，酒香药香协调舒顺，酒液温和微甜。常饮此酒具有补中益气、舒筋活血、驱风祛湿之功效。

百年光辉历程，见证了无数狂欢与寂静。自1923年起，金星牌始终坚守着对技艺和品质的执着与追求并不断创新与发展。金星牌玫瑰露酒、五加皮酒、高粮酒已出口到全球183个国家和地区，成为海外华人饮食文化的重要组成部分。百年品牌不仅是商品品质的标志，更代表了承继者对非物质文化遗产的信仰、传承、坚守与保护。

天津食品进出口股份有限公司将继续秉持“義行天下，聚德载福，永恒金星”的理念，不断精益求精，传承百年经典，为国内外消费者带来更加优质的体验。七百年薪火传递，两百年海外飘香，义聚永以其精良的传统酿造工艺以及国内外品牌盛誉，不仅丰富了天津酒文化的深厚文化底蕴，也使其占有了中国传统酿酒工艺的一席之地。■

酱油酱菜 匠心利民

天津市利民调料有限公司

天津市利民调料有限公司（以下简称利民公司）按照市委、市政府工业东移战略部署，本着科技创新、引领行业发展，实施了整体搬迁，并于2006年在空港经济区开工建设。公司注册资本4.01亿元，占地面积87.8亩，建成后能够生产酱油、酱腌菜、蒜蓉辣酱、甜面酱、腐乳等八大类200多个品种产品。

光荣酱油

光荣酱油制作技艺源自华侨富商李惠南，在五代人的共同努力下，光荣酱油以选料严格、工序考究、色醇味鲜而长盛不衰。1919年，李惠南留学日本，致力于将中国传统酱油酿造工艺与现代化学方法制造酱油相结合，酿造

天津市东丽区空港经济区西十四道226号

出更加醇厚的酱油。1927 年，李惠南在天津北营门西大街办起了宏中酱油厂，将产品定名为“宏钟”牌酱油。严格的酿造工序，精选的原料，中西结合的发酵工艺，使“宏钟”酱油以酱香浓郁醇厚，滋味鲜美绵长的独特风味，赢得了国人的信赖，成为国内闻名的产品。

1942 年，宏中酱油厂更名为宏中酱油公司。1957 年，宏中酱油公司接收公私合营，主要负责对外出口业务，并于 1957 年注册“红钟”品牌。1958 年，由于产能原因，宏中酱油公司与光荣酱油厂合并，并将设备和生产技术一并移交至光荣酱油厂。新的光荣酱油，主营“光荣”和“红钟”两大品牌酱油，统称“光荣酱油”。1978 年，市第二商业局为进一步加强对调味品行业的管理，于同年 4 月成立了天津市利民调料酿造集团有限公司，光荣酱油厂统一划归该公司隶属管理，开启了光荣酱油发展的新历程。

打光荣酱油与换酱油瓶

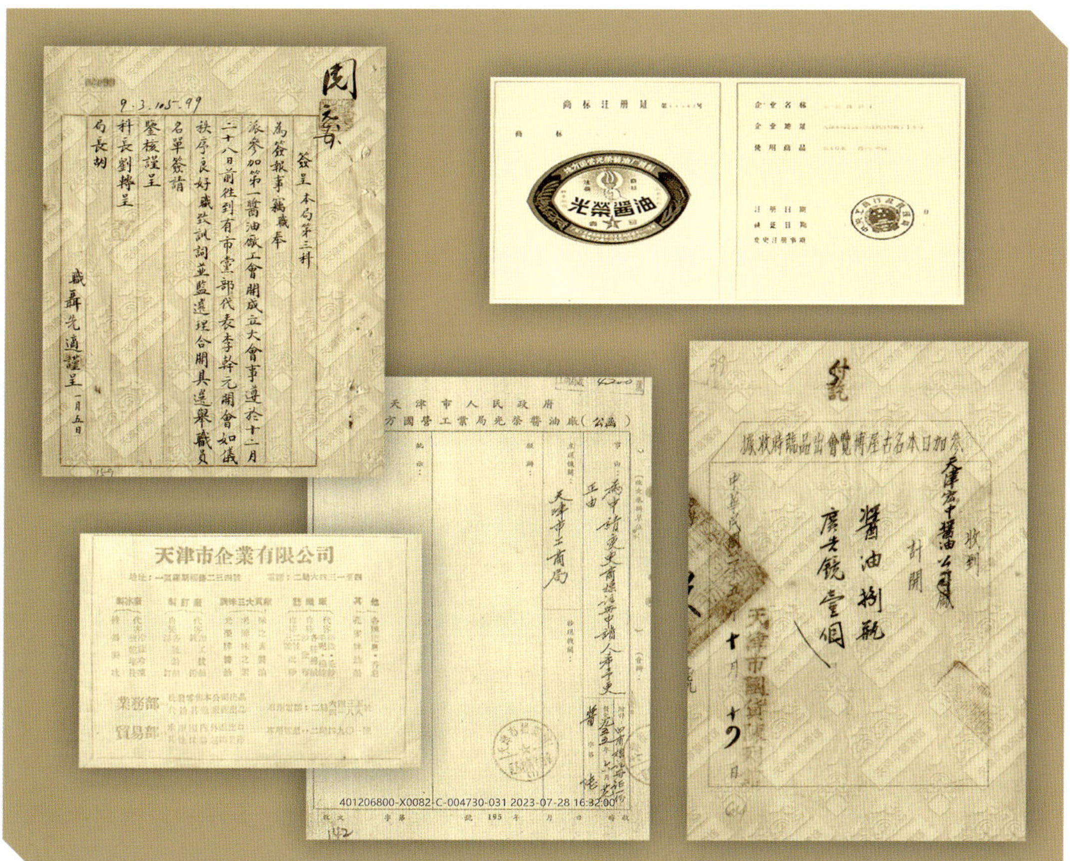

（左上）参与建立早期工会组织

（右上）1951 年商标注册证

（左下）光荣老广告

（中下）1955 年光荣酱油厂商标变更申请

（右下）参加日本名古屋博览会

LIMIN
金典·特酿
光荣酿造酱油
光 荣
始于1927年
黄豆酱油
特级酿造酱油
净含量:430毫升
黑豆酱油
净含量:430毫升
酿造酱油
特级
净含量:430 毫升
天津市利民调料有限公司
酿造酱油
金典★特酿
净含量:490毫升
天津市利民调料有限公司
酿造酱油
红润★香醇
天津市利民调料有限公司
利民
LIMIN

玉川居

“津有玉川居，京有六必居”的说法在全国范围内广为流传，玉川居酱菜至今有 100 年的历史了。

1920 年，张玉安创立了玉川居品牌。开业后，店堂正面挂着“玉振金声大道财源广，川流不息永久以生涯”的大幅楹联，以寓于财源广大、川流不息、基业永固之意。张玉安还请来天津书法家石文会题写了名为“玉川居”的牌匾。后因张玉安年迈体衰，由其孙张其昌继任该酱园经理。由于玉川居坚持高质量、好信誉、买卖公平、童叟无欺的经营之道，新老顾客盈门，买卖兴旺发达。其制作的酱黄瓜、酱小菜、酱萝卜、酱地环、五香菜、韭菜花、佛手菜、面酱、辣酱、水大头、春不老、咸萝卜等 20 余个品种很有特色。选用以运河水浇灌质地脆嫩口甜的静海菜为原料腌制酱菜，自行制作天然面酱，磨制五香粉，做到真材实料，坚持按配方标准投料，认真按传统工艺操作，其产品经久不衰。

1956 年，“玉川居”公私合营，其生产规模越来越大。1965 年 7 月，玉川居划归市蔬菜食品杂货公司领导，定名为天津市第六调料酿造厂，后并入第三调料酿造厂为该厂的腌菜车间。1986 年为保持老字号的声誉，重新定名为玉川居酱菜厂，厂址设在天津市河西区小围堤道。“玉川居”的酱菜质优价廉、风味独特，深受大众的喜爱。1993 年，被商业部评为“中华老字号”品牌。1998 年，经过公司重组改革，玉川居酱菜厂合并到天津市利民调料酿造集团有限公司。

一代人有一代人的使命，一代人有一代人的担当。百年来，利民公司秉承着工匠精神，勇担重任，做走在时代前列的奋进者、开拓者、奉献者，创造无愧于党、无愧于人民、无愧于时代的业绩。

2006 年，天津市利民调料酿造集团有限公司战略东移成立天津市利民调料有限公司。2012 年，利民公司首次通过国家高新技术企业复审，2015 年通过国家认可委 CNAS 体系认证，2017 年建立天津市企业技术中心及天津市科技领军企业。2019 年获批“天津市科技领军企业

出口黄瓜过称

酱腌菜制作

酱小茄子
酱笋条
中华老字号
酱小黄瓜
酱八宝
天津市利民调料有限公司
酱地环
酱姜片

培育项目”，同年入选第三批天津市战略性新兴产业领军企业。2020 年，获批“国家级农业龙头企业”。2021 年，获批国家级“绿色工厂”和国家级“绿色供应链”企业。荣获天津市“专精特新小巨人”企业。

“利国兴业诚于信，民生厚德敏于行”，这是利民公司企业文化的核心价值观。利民公司始终坚持以满足客户的需求为核心，以零缺陷的产品为灵魂。在企业发展进程中，以快速发展带动精益的质量管理，以质量管理带动公司的质量文化，创新务实，严谨高效。好的产品，从原料到生产，从生产到销售，从销售到售后再到回购，是利民不断前行的目标。一代代利民人，用“酱心 · 将心 · 匠心”来做好质量控制，用我们的创新、坚守来定义一个好产品，一个好口味。质量是赖以生存的基石，是发展的桥梁，更是走向辉煌走向百年的坚强后盾。老字号传承了近百年，为了传承努力，为了质量坚守，勇于担当国企的社会责任，让百姓吃到放心的调味品是利民的目标。以此为目标的老字号，将会走得更远。■

津菜红旗 津城飘香

红旗饭庄

红旗饭庄是著名的天津风味餐馆，始建于 20 世纪 30 年代初，其前身为同聚楼饭庄，为津门吴姓（学孔）创建。其取纳天下贤士，同聚一楼之意。以经营津鲁风味小炒为特色，名噪一时。

名师辈出

1956 年，在公私合营中，同聚楼饭庄划归天津红桥区所属。1958 年，在全国五省三市爱国卫生运动中，同聚楼饭庄被评为卫生红旗单位。当时，天津为振兴津菜，扩大影响，将同聚楼更名为红旗饭庄，同时抽调马惠林、卢桂林、许富友、姜万有等津菜名师到红旗饭庄。这些名师构成红旗饭庄的四梁八柱，经营正宗津菜。

天津市河西区隆昌路 68 号

贾景奎，精通津菜，擅烹两鲜，以烹制鱼最为拿手，技术高超，对烹饪理论有一定的研究，系“八大成”传人。马惠林，菜路宽广，深谙津菜之精髓，有活菜谱之称，刀工精湛，还有“津门一刀”之美誉。卢桂林，著名面点师，各种面点小吃，无所不能，尤以八大酥独步津门。许富友，堂头，经验丰富，迎来送往不卑不亢，八面玲珑，了解不同人群的饮食习俗。史俊生曾在多家津菜馆主厨，精通津菜，技术全面，勺工精湛。1963 年，史俊生被调到红旗饭庄，主理厨政。姜万有，史俊生高足，技术精湛全面，青年时就享誉津门。

高超的厨艺，精美的菜肴倾倒津门众多美食家和中外游客。津门著名画家溥佐、津门八大家华家等都是红旗饭庄常客。使红旗饭庄跻身天津甲级饭庄之列。

改革开放以来，以王鸿业为首的一批青年厨师脱颖而出。王鸿业是首届中国烹饪大师，天津烹饪大师，津菜造诣颇深，带领红旗饭庄厨师在天津各大赛事摘金夺银，如熘金钱鱼腐、官烧目鱼条、八卦鱼肚、玉兔烧肉等十几款菜肴荣获金牌，成为红旗饭庄看家菜，得以传承。

经典名菜

1996 年，红旗饭庄全体员工以“弘扬饮食文化，传承津菜技艺”为己任，挖掘传统津菜，打造津菜品牌。由于红旗饭庄在挖掘、整理、创新、普及、发展天津菜方面成绩卓著，被天津市政府定为津菜基地。

各色菜品

罾蹦鲤鱼

罾蹦鱼是天津一道传统名菜，距今已有百余年的历史。罾蹦鱼虽然出自清代光绪年间的天一坊饭庄，然而真正叫响津门乃至全国当数红旗饭庄。红旗饭庄津菜传承历史久远，“津菜四老”之中的三老（史俊生、杨再鑫、贾景奎）曾在红旗饭庄司厨。传授了许多津菜经典，罾蹦鱼就是其中之一。红旗饭庄挖掘、创新了许多津菜，其中罾蹦鱼就是代表之一。此菜在红旗饭庄全体厨师共同努力之下，从选料、到刀工、到火候、色泽、再到口味等都进行了深入地改进与提高，经过上百次的实验与研究，使得罾蹦鱼日臻完美。

炒青虾仁也是天津代表菜之一，由于原料的短缺，曾经在天津已断档多年。技术不是问题，关键是青虾断档，于是，红旗饭庄每天采购一些不同种类的虾试制。经过不懈的努力，终于发现一种名为“厄瓜多尔白虾”也称“南美白虾”最为理想。结果，新的炒青虾仁令老食客们赞不绝口，找回了失去久远的老味。

红旗饭庄的“炒青虾仁”采用天津擅长的清炒技法，在2018年全国34地域菜系展评中荣获“天津十大名菜”。2019年4月16日外交部特邀红旗饭庄厨师团队参加在北京举办的外交部冷餐会。冷餐会上红旗饭庄“炒青虾仁”大放异彩，独领风骚，将津菜擅烹两鲜、讲究时令、精于调味、技法独特、适应面广的特点，展现得淋漓尽致，得到各国使节与外交部领导的一致好评。“炒青虾仁”已成为红旗饭庄的又一闪亮名片及用餐食客的打卡菜品。

新一代红旗人将以诚信经营、高质出品、专业服务为宗旨，在经济高速发展的今天守本创新，以民为上，以食为天。以弘扬津菜文化、打造津菜品牌为目标，立足于津菜的继承与发扬，着重津菜研发和人才培养，红旗饭庄既是大众舌尖上记忆的红旗，也是创新津菜与津菜一起香飘万里的红旗！让红旗人的红旗承载着绿色、健康、安全、营养、新鲜、美味的佳肴以及新红旗人的经营理念与不断自我超越的精神在消费者的餐桌上高高飘扬！让津菜红旗再创辉煌！■

银鱼紫蟹火锅

鸿业兴起　躬耕乃顺

天津市鸿起顺餐饮有限责任公司

天津市鸿起顺餐饮有限责任公司是大型清真餐饮品牌企业，是全国餐饮百强企业，是中国商业服务名牌、中华餐饮名店、天津清真餐饮品牌企业。

历史沿革

鸿起顺创建于 1936 年，原为回民左鸿林和汉民李占起合作经营，取“鸿业起，万事顺”之意，因与左李两人名字语意双关，而启用“鸿起顺”字号。最初，左鸿林卖牛羊肉，把剩下的边脚料绞馅卖水饺，后来添了锅巴菜，之后又添了炒菜、米饭、花卷，成为正式的清真饭馆。

1956 年，鸿起顺公私合营后，定为乙级馆，曾改名为“移风饭馆”“下瓦房回民饭馆”，但经营不善，始终处于亏损状态。

天津市河西区大沽南路 668 号

1980 年，孙汝泉任鸿起顺经理，当时的鸿起顺总面积仅仅 140 平方米，人员 31 人，营业收入每月 2.1 万元。孙汝泉接手后，在河西区委区政府以及公司员工的支持帮助下，整顿店堂纪律，建立了进、产、销、存四个环节管理制度，大抓饮食卫生，推行民主管理，经营日新月异，“芝麻开花节节高”。

1986 年，鸿起顺在改革中实行租赁承包后，坚持全心全意为人民服务的宗旨，创出了自己的经营特色，使公司发生了巨大变化。社会效益与经济效益年年取得双丰收。1986 年— 1992 年，租赁承包 6 年来营业收入增加 13 倍以上，创利税额增加 11 倍。

1986 年底，鸿起顺接了小二楼，扩大营业面积 286 平方米。1987 年 7 月，鸿起顺把隔壁东风剧场租进，扩大店堂，1991 年，鸿起顺建立了“鸿起顺经营部”，主营牛羊肉、水产品等烹调原料，批零兼售。1991 年 10 月，鸿起顺在风味食廊设立了“鸿起顺饭庄”，供应中高档菜品。自租赁承包经营以来，靠艰苦奋斗、自力更生，鸿起顺这个 140 平方米的小门脸，已发展成为有一个直属支店、一个直属经营部和八个联系体协作饮食店。2006 年，鸿起顺首批被认定为“中华老字号”企业。

鸿起顺饭庄（大楼）全体员工

精心烹饪

精研特色菜品

坐落在风味食廊的鸿起顺饭庄不断创新菜品，在河西中医医院著名中医王子云的帮助下，从中国传统中医药中挖掘精华，配以现在的原料和烹饪技术推出药膳菜品，使广大食客通过进餐达到保健作用。其中，他们把医药价值高且性平微凉的枸杞与甘温的清真牛羊肉结合，推出60多种枸杞系列药膳菜品，既有杞桃鸡丁、杞果凤茸翅等菜品，也有血杞银耳汤等汤类菜品，分别能起到健脑、益气、补肾等作用。

带头人孙汝泉

提起鸿起顺，就不能不说孙汝泉。作为鸿起顺的带头人，孙汝泉是企业的灵魂，更是职工的主心骨。正是他，带领职工艰苦创业大胆改革，使过去默默无闻的小店成为全市餐饮业效益大户和名震津门的劳动模范集体。也正是他，身先士卒干事创业，才能以优异的成绩和卓越的贡献荣获过全国劳动模范、全国五一劳动奖章、全国民族团结进步模范、内贸部劳动模范、天津市特等劳动模范、商务部特等劳动模范等称号。

孙汝泉注重研究市场，根据市场需求和群众消费水平，提出“面向大众、经济实惠”的经营方针。经营档次坚持“三为主一增加”，即：“中低档、散座、小碟面为主，增加素菜比例”，中低档菜占75%。面对物价调整，餐饮业价格逐年抬升，为稳定物价让利于民，他采取措施降低成本，坚持货采源头货比三家，进货“三公开”不收回扣；加支加袋一律归库摊入成本。经营成本的降低保证了菜品少调或不调价，使菜价始终保持在全市同类饭馆最低水平，被群众称为“老百姓的饭馆”。

孙汝泉胸怀全局，着眼发展，走“开拓经营、滚动发展”之路，不断积累资金，增强后劲，使饭店固定资产上百倍地增加。孙汝泉坚持全心全意依靠职工群众，注意发挥班子集体作用。凡是店内重大问题均召开民主管理会或职工代表会征求意见，经反复讨论后再行实施。为了使民主管理形成制度，他支持工会每月开一次职工恳谈会，当月的经营成果、奖金分配方法都召开职工全体会公布。为了更好地发挥职工主人翁作用，经常开展“我为企业献良策”活动。他保持共产党员的本色，与群众同甘共苦，坚持不脱离劳动，每天安排好工作后下厨房顶岗。他患有高血压等病，每天带着急救药上班。1992 年曾因高血压发作引起鼻出血晕倒在厨房，经抢救脱离危险后，又回单位上班。他廉洁奉公，不吃请、不陪客，对巨额回扣严词拒绝。在孙汝泉带动下，鸿起顺职工把爱心洒向社会，坚持常年为附近居委会的军烈属、孤老户料理家务买菜买粮，逢年过节送去年货和慰问品，受到广大群众和社会各界的称赞，成为饮食行业的一面旗帜。在孙汝泉的带领下，鸿起顺大力推动人才发展战略和品牌发展战略，做到了引进人才—培养人才—留住人才。1994 年，李孝森等 5 人，参加沈阳全国首届清真烹饪大赛，获得 7 金 1 银的优异成绩。1996 年，在上海举办的第二届中国烹饪世界大赛中，李云祥的“群龙托鲍”“蝶花双献”等 3 个菜品夺得银牌。1999 年，在第四届全国烹饪技术比赛中，“鸿起顺”获得团体金牌和 6 个单项金牌。这些人才逐渐成为鸿起顺事业发展的中流砥柱。

孙汝泉

扎根津城

鸿起顺利用老字号优势，大力发展新的经济增长点，大力发展连锁店，建立了鸿起顺食品基地，并与辽宁北票市联合开发了“鸿起顺”杏仁乳，与天津河西区源盛公司联合开发了“鸿起顺”豆制品系列。

鸿起顺以“团结、创业、求实、高效”的企业精神和“面向大众、薄利多销、优质服务、以诚取信”的经营服务宗旨，使企业实现了高速发展。精致味美的菜品、热情周到的服务、创新竞进的氛围……鸿起顺扎根津城，发展壮大。■

孙汝泉传授刀工技巧

烟火人间 佟楼老味

天津佟楼副食综合商场

有一种陪伴穿越甲子时光，有一种记忆留存城市的味道，有一种信任激发改革的动力，有一种责任铸就品牌的力量。

1958 年 8 月建成开业的天津佟楼副食综合商场，主要经营副食品、肉类制品、粮油食品、烟酒茶糖、糕点、饮料等。从计划经济到改革开放、市场经济，六十年的时光，勇站潮头，秘诀何在？两个字：诚信。

食品安全重于泰山，是佟楼副食不变的原则。

人无我有，人有我精，是佟楼副食发展的基本准则。

做好天津人民放心的菜篮子，是佟楼副食坚守的情怀。

如今，天津佟楼副食综合商场（以下简称佟楼副食商场）是河西区乃至全市知名的津门老字号商业零售企业，

天津市河西区围堤道 1 号

在激烈的市场竞争中迎接挑战，不断提升经营层次，提高服务质量，2001 年被天津市确定为首批放心食品经营试点单位。2003 年被中国商业联合会指定为全国商业服务业安全放心消费场所。此后，商场一直以经营绿色、放心食品为特色，并不断扩大此类商品的营销规模，在商场经营的 8000 余种放心副食品中，具有国家认证标志的绿色食品比重达到近 30%，有机农产品达到 200 余种。

记忆中的佟楼副食商场

对于上了年纪的天津人来说，佟楼副食商场简直成了“念想儿”。

记忆中总有一幅这样的场景：卖油盐酱醋的木质柜台，台面有一寸多厚；柜台后面一字排开几口大缸，里面盛满了酱油、醋、面酱、芝麻酱；花生油有特制的油桶，上面带一个金属的压油装置，油瓶子口对着龙头一压，按照副食本上的定量给您打足；盛在小桶里的香油更是金贵，每人每月只能买一两。木柜台上两排白色搪瓷盆，装着满满的小酱萝卜、酱疙瘩头、撒着芝麻的朝鲜小菜、混合着辣椒面的萝卜条……

酱油、醋、芝麻酱、小磨香油、咸菜酱菜，共同凝聚了一种气味，这就是记忆里副食店醇香的味道，透着清幽，那么亲切。

居家过日子离不了各种小零碎儿，副食店里几乎样样都有，二分钱一盒的火柴、几毛钱一包的香烟、长条形的肥皂盒，当然也有作为奢侈品的猪肉、鸡蛋和奶粉，甚至还有唯有过节和结婚时才有人舍得买的葡萄酒……

一位网友写道：“我从记事起就有这家店，我姥姥家在平山道，小时候妈妈带我去儿童医院看病，每次回姥姥家都从这儿穿过去，那时里面还是柜台，我记得柜台里摆着好多盒装的、很大只的干对虾，柜台上还摆着大玻璃瓶，里面有泡着的小蛇，还有蜥蜴一样的东西。还有装在玻璃瓶里的蚕蛹、墙上挂的整只火腿。对那时的我来说，这些都太让人惊奇了。”

在物资匮乏的计划经济时代，副食店就是人们心中的圣地，也是人们生活的命脉所在。入冬供应白菜，盛夏提供西红柿，过年凭本儿买带鱼，买羊肉，平时每个月都要买火柴、蜡烛、肥皂……佟楼副食商场陪伴着天津人民走过那一段难忘的岁月。

发展中的佟楼副食商场

80 年代，沐浴着国家改革开放的春风，凭本、凭票供应商品渐渐成为历史，曾伴随着几代人的副食店也渐渐退出了历史舞台。

随着市场经济的开放，令经营方式更加灵活，大批农民携自家生产的农副产品进城经商，农贸市场几乎充斥了城市的每一条街巷，不少摊位就围在佟楼副食商场门前。商贩们放开嗓子吆喝，与佟楼副食商场竞争生意。洋超市、自选商场、农贸市场如雨后春笋般兴起，很快吞食了像佟楼副食商场这样国营大店的不少顾客。昨天还顾客盈门的佟楼副食商场，转瞬就凸显了交易冷清的现实，加之国营大店因历史上“垄断”服务顾客理念单一，经营方式停留在计划经济的年代中，使佟楼副食商场面临生存的危机。随着我国经济改革步伐的加快，大型超市开始以其规模宏大、购物方式灵活、商品价格低廉等优势吸引了如潮的消费者，天津市好几家大型副食综合商场面对新型商业业态的挤压，很快显现出“难以招架”的恐慌，转眼就倒在竞争的市场上。

佟楼副食商场仔细寻找自己与别人的差异，以此获取自己占据的优势，立足于本身特色，提出“挑战超市，错层经营”的发展举措，实施“活储鲜销”，下力气，在肉、水产、蔬菜等超市经营相对较弱的项目上构筑自己的经营特色，并在构筑经营特色中逐渐形成竞争优势，在商场的消费群中固化佟楼副食商场的市场形象。经营举措的确定，使佟楼副食商场的大肉柜成了远近闻名的商场形象，商场卖的猪肉都从国营大厂进货，进货后先放到冷库中预冷，然后将带血、带毛、带淋巴的肉一律去掉，不准上案，

这样每头猪每天都得损耗十几斤肉。尽管当时商场卖的肉比农贸市场上的肉价格贵些，大肉柜前每天还是围满了顾客。当消费者的消费意识逐渐趋于理性时，其所购物品的质量才是能否让他们放心的首要因素。为保证大肉的质量，1992 年商场又投资建成了一座无人操作的全自动冷库，为所售猪肉的质量又增加了一道保障。以人为本，一心从顾客角度出发的佟楼副食商场，在日常经营中发现消费者欲在市场上买到自己满意的猪肉一般较难，于是较早推出了“按部位分割出售，价格不同，买哪儿给哪儿”的销售办法，不仅使猪肉销售更加红火，而且带动了其他商品营业额的增长。

商场的人气绝不是单靠商家一厢情愿的“造势”，还得有消费者“买账”。消费者“买账”的前提，是商家的“造势”让消费者认可。佟楼副食商场的“活储鲜销”适合消费者口味，才有了商场的今天。错层经营的决策使佟楼副食商场在竞争中站住了脚，当然也给市场留下了一个谜。遍布市区的好几家与他们同规模或比他们规模还大的综合副食商场，那几年先后倒在市场竞争的环境中，唯佟楼副食商场“一枝独秀”，谜底何在？经济改革改变了客观环境中的经济标准，作为企业，想不变是不现实的，因为你必须得接受新的市场规则，只是有个自己怎么变的问题。如果一味追风赶潮，朝变夕再变，变得连自己的特色都没了，当然只能出局。改革不是儿戏，不能东一榔头西一棒子，不能眼光只瞄着别人怎么样，重要的是自己应该怎么样，得坚持自己企业的特色。只有如此，市场才会给你以成功的回报。

货真价实是企业的命脉，以人为本是发展的准则，诚信经营是不变的准则。顾客对佟楼副食商场的信任，是企业成功的标志。

今日佟楼副食商场

当食品安全成为风口浪尖的敏感话题，当消费者更多地去关注健康，选择放心购物时。佟楼副食商场率先在全

佟楼副食

市第一家打出了销售“绿色的、无公害的放心商品”的金字招牌。为真正做到销售商品的绿色和无公害，真正让消费者放心，而不是仅仅销售一句“广告语”，商场领导亲自到产地考察。当地饲养的猪，从仔猪开始就圈养，饲料也都是用当地的粮食加工的，基本达到了区域封闭的要求，他们就和当地互签了供货协议。佟楼副食商场经营的鸡蛋，都是从天津市蓟县（现蓟州区）采购的，保证都是散养鸡的蛋。绿色食品、放心食品成了佟楼副食商场今日经营之特色。货采源头，严把质量关，一句吃得放心背后，是佟楼人无数次的考察与付出。减少中间环节，降低营销成本，时刻关注行业信息的采集，佟楼副食商场就是凭着为居民服务好菜篮子的初心，一步步坚实地向前奋进。商场坚持货采名优，所售商品都经过了质量认证，具备相应的资质证书。从进货到销售全过程的质量管理，确保了质量问题零投诉。在市、区两级政府的支持下，佟楼副食商场大力实施了“提倡绿色消费、培育绿色市场、开辟绿色通道”的“三绿工程”，绿色、放心副食品的品种和规模不断扩大，在原有经营的近 8000 种放心商品的基础上，新增了采自“三品”生产基地的 300 多个适销品种，其中绿色食品占 30%，无公害蔬菜达到 60%，受到了消费者的欢迎。并成功举办了两届绿色消费论坛，以引导和推动绿色消费，保障消费安全，提升消费层次，收到了很好的效果。

经过商场全体职工的共同努力，佟楼副食商场在全市树立了良好的企业形象，成了副食行业响当当的品牌。佟楼副食商场的工作也得到了当时市委书记张立昌、市长戴相龙的肯定。当时的国务院副总理李岚清、吴仪都曾到佟楼副食商场检查指导，并肯定了天津市河西区领导对全市菜篮子工程做得好，应在全市、全行业推广。

人无信不立，业无信不兴，佟楼人视诚信为生命。昨天，天津佟楼副食综合商场是人们内心散发着醇香的记忆；今天，它是津门蕴含着文化的生活网络；明天，它将成为天津人的精神财富。■

同鑫品质 走向世界

北方国际集团天津同鑫进出口有限公司

同鑫品质　走向世界

北方国际集团天津同鑫进出口有限公司前身是中国轻工业进出口天津分公司、北方国际集团天津文教体育用品进出口有限公司，于 2000 年响应政府号召改制后成立。经过数十载的经营发展，北方国际集团天津同鑫进出口有限公司现已发展成为集贸易与实业于一身的综合性进出口公司。

北方国际集团天津同鑫进出口有限公司旗下有众多品牌，其中体育用品类品牌“金杯”，文具类品牌“三鹅”以及乐器类品牌“鹦鹉 PARROT”更是为大众所熟知。

天津市河西区友谊路 8 号同鑫大厦

津门名品“金杯”熠熠

开拓市场 出口创汇

“金杯”商标始创于1962年，至今已有60多年的历史。经过岁月的洗礼，“金杯”已深刻地印入消费者的心中，得到了消费者的认可。“金杯”是“中华老字号”“津门老字号”“天津市重点培育的国际自主品牌”。“金杯”品牌项下产品丰富多彩，包含足球、篮球、乒乓球以及球拍、羽毛球拍、羽毛球、网球拍、网球、篮球网、飞镖盘套装、握力器等。

近年来，北方国际集团天津同鑫进出口有限公司立志于聚焦技术创新和努力提高制造能力，持续推动产品与市场的双面升级，助推国际化市场布局，将“金杯”品牌打造成体育用品行业的国际领先品牌。为提高“金杯”牌体育用品的知名度以及拓展客源，公司积极参加历届广交会、津洽会以及国际各大展会，随着贸易与投资自由化便利化水平的不断提升，公司响应国家号召，积极与“一带一路”倡议国家进行贸易合作，加快贸易对接和品牌培育的实质性步伐。金杯过硬的产品品质也为公司带来了更多的客户，金杯足球在埃及、伊朗和孟加拉等国的市场占有率常年位居第一。“金杯”品牌下的足球、篮球、排球作为企业创汇规模较大的拳头产品，不仅行销多国市场，更以其品质优良享誉全球。公司“金杯”牌球类产品销售人员也因为多年来业绩突出，获得天津市级劳动模范和五一劳动奖章荣誉称号。

业务员在检查样品质量

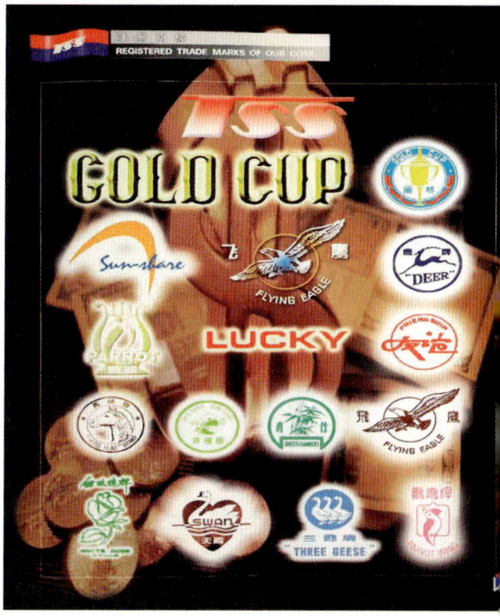

工艺革新 贴近市场

2022年，恰逢世界杯比赛，公司的“金杯”牌足球，抓住这一出口良机，不仅在满足客户对产品多样性、美观性等需求方面上下功夫，还投入人力、物力用于改进制造工艺和研发新产品，经过不懈努力，公司迅速占有市场，不仅增加了产品种类，提高了研发能力和制造能力，还创造了可喜的业绩。公司在完成对球类产品的皮革和胶水升级的同时，还针对出口的乒乓球拍的胶片进行了技术升级，使产品更加受消费者喜爱与认可。

扎根津门 反哺家乡

董事长陈天倚向社区捐赠体育用品

多年来，公司扎根津门沃土，在“走出去”经营创汇的同时，也立足家乡、履行社会职责，回报家乡父老。为了响应国家“全民健身日”主题活动和“体育宣传周”活动的号召，也为让更多人了解“金杯”品牌，公司多次向社区、学校、部队等单位和机构捐赠“金杯”牌体育用品。当社区居民拿到天津自己的中华老字号品牌“金杯”牌体育用品时，无不勾起美好回忆，倍感亲切之余，更为老字号的新发展由衷高兴。

多彩文具 温暖怀旧

“三鹅”是津门老字号品牌，旗下主营商品以文具类产品为主，三只胖胖的小鹅形象早已深入人心，这是一代代人不变的品牌情怀。

“熊猫”牌水彩是每个 70 后、80 后乃至 90 后童年美术课的必备品。盒子上的熊猫憨态可掬，绿竹青翠挺拔，水润瑰丽的水彩颜料里承载着无数天津娃娃五彩缤纷的童年。如今，熊猫绿竹依旧，小小一盒水彩仍能唤起童年无限美好回忆，国货老品牌在岁月里依旧焕发着光彩。

注册于 1962 年 12 月的“鹦鹉 PARROT”商标是“天津市重点培育的国际自主品牌，是驰名中外的西洋乐器品牌，产品包含手风琴、管乐器、口琴等等，多年来出口到世界各地，深受广大消费者的喜爱。

FLYING EAGLE
TSS FORTUNE CO.,LTD.
TSS FORTUNE CO.,LTD.
熊猫水彩
PANDA
WATER
COLOUR
9012
12 colours
熊猫水彩
PANDA
WATER
COLOUR
9018
200PCS
FLYING EAGLE
No.100W
WHITE
CHALK

天津
同鑫
BASKET BALL
GOLD CUP
EASY TOUCH
VOLLEYBALL

同鑫同心　阔步前行

北方国际集团天津同鑫进出口有限公司是国内最早从事文教体育类产品进出口的专业外贸公司，在几十年的发展历程中，经历过无数艰难困苦的洗礼，尤其近几年市场环境复杂多变，国际局势和世界经济形势均处于大变革时期，这些都使外贸企业在生存和发展中面临着诸多挑战。

多年以来，同鑫人没有被困难吓倒，反而越挫越勇、迎难而上，越面对艰难困境，越展现出强大的韧性和竞争力。通过创新和转型升级，同鑫积极应对挑战，寻求新的发展机遇。面对新技术迭代和跨境电商的蓬勃兴起，同鑫积极转换思路，一方面利用数字化技术和跨境电商平台，开展在线营销和交易，以新业态新模式助力外贸攻坚克难。另一方面，稳定产业链供应链，加强与产业链上下游的合作，提升产业链、供应链的韧性和安全水平，从单纯外贸转向拓展内销，寻求多向发展。作为一家历史悠久的老字号企业，同鑫极其注重知识产权保护，尤其是在开展外贸业务的过程中，努力提升品牌知名度及品牌价值，加强知识产权保护，维护企业利益，维护国家利益。同鑫人始终在创新发展的道路上一步一个脚印地做好自己的品牌。

过去的日子里，同鑫经历过坦途，也经历过低谷。如今看来，那些曾经的难题和阻碍，都已成为同鑫奋进发展道路上的基石。同鑫始终践行着自己的价值观：诚信、责任、创新、奉献，同心协力，阔步前行，走向新的辉煌。

2024 年“金杯”品牌被认定为第三批中华老字号

隆兴地毯 织做精湛

天津市隆兴集团有限公司

作为一种历史悠久的室内装饰性铺地材料，地毯在全世界有着庞大的消费群体。如今，我国的许多家庭都以拥有华丽的家庭地毯作为高档品位的象征。机织地毯替代传统手工地毯生产方式以后，更以产量大、花色多、质量稳定而拥有了更加广泛的应用领域。天津地毯以“诚信、互利、创新、发展”为理念，为国内外朋友提供优质的产品和服务。天津传统手工地毯和机织地毯铺设在中央和各地政府会议厅、宴会厅、贵宾厅和各宾馆、酒店卧房，受到客户一致好评。

天津市河西区新围堤道 5 号

前世今生

早在汉代，我国就有了萌芽状态的地毯业。19 世纪中叶，手工栽绒地毯的技艺由北京传入天津，天津开始有了手工打结栽绒地毯生产作坊。同时，周边地区大量农民涌入津城，为天津地毯的生产提供了大量的劳动力。有市场、有原料、有技术、有劳力，多种机缘汇集，天津地毯被催生出来，并得以快速发展。

天津最早生产地毯的厂家，是 1894 年前后由北京“东门派”师徒三人在天津河北区娘娘宫（现天后宫）附近开设的“义盛公”毯铺。

中华人民共和国成立后，天津地毯工业获得了新的生命。1949 年初，由于天津失业的地毯工人较多，小工厂、小作坊多，因此单依靠自身的人力、财力难得求以生存。因此，组织起来走合作化的道路则成为当时天津地毯业走向恢复和发展的唯一出路。1949 年 3 月，由原大丰地毯厂工人马金台等 4 个失业的地毯工人，在市供销合作总社的帮助下，成立了天津市第一个手工业合作组织——男工地毯生产互助组。他们从银行贷款 80 万（旧币，相当于现在的 80 元），在东门里二道街租了一间房，借了一架机樑，购买了少量毛纱，开始织地毯。由于他们做的地毯做工精细质量好，受到市供销总社和外贸公司的好评和鼓励。1958 年，国家在河西区黑牛城道拨地 50 亩建设新厂房，11 月改为东风地毯厂。

百骏图（局部）

1959 年，天津市纺织局根据生产和出口发展需要，在原来地毯行业组的基础上，扩大成立了天津市地毯工业公司。公司成立后将下属工厂进行了调整，原公私合营地毯厂改为地毯三厂，其在河东区津塘公路二号桥的车间改为地毯一厂；东风地毯厂改为地毯二厂，其在和平区赤峰道 55 号的分厂改为地毯五厂。此后，这四个企业一直是天津地毯行业生产手工羊毛栽绒地毯的骨干企业。此后，天津地毯产业经过多次改制重组，最终定名为天津市隆兴集团有限公司。

精湛的传统工艺　独特的艺术风格

天津地毯在长期的生产实践中，坚持“传承中创新，创新中发展”，形成了自己的艺术风格。它以选料精良、图案瑰丽、织做精湛、剪片浮雕、水洗丝光五大特点驰名中外。

天津手工栽绒地毯的生产工艺流程可概括为准备、成型、美化三大部分。

准备

准备部分主要包括纺纱、绘图、染纱、备料四个工序，主要任务是给织做工序做准备。

纺纱工序：天津地毯的主要原料是选用生长在海拔 3000 米以上的青海优质土种棉羊毛。这种羊毛具有纤维长、拉力大、有光泽、弹性强等特点，经过梳纺成为地毯专用纱。

绘图工序：设计人员根据客户需要，运用绘画理论和技巧，为织毯和剪片工序绘制的色稿和“工艺蓝图”。

染纱工序：根据每批地毯图案的设计要求，采用上等媒介染料，经过高温染色，形成色相准确、耐酸、耐碱、耐摩擦，永不褪色的毛纱。

天津地毯展厅

备料工序：根据地毯图案设计要求，为每幅地毯所需色纱，打线成球，供织毯工人使用。

成型

成型部分主要指织毯工序。这是地毯生产工艺中最精华、最重要的部分，它对地毯内在和外观质量的好坏起着决定性作用。天津手工栽绒地毯是一种棉经纬线、色毛纱交织的栽绒型织物，是由双经双纬交织成网格组织，人工用毛纱网织成“8”字型栽绒结扣，其结构牢固，毯基挺实，坚固耐用。

美化

美化部分包括平毯、片凸、洗毯、剪沟、整修五个工序，是对地毯外观质量起决定作用的工序。

平毯工序：对织好的地毯半成品，用平毯工具和设备采取切削原理，对多余厚度的栽绒面进行切削，以使整个地毯毯面薄厚一致，平整光亮。

片凸工序：地毯剪片是天津 1930 年首创的工艺。剪凸是用剪刀将地毯上的花形周围进行剪片，使毯面的花形更加突出。

洗毯工序：洗毯也是天津地毯最早使用的一种工艺，通过化学洗涤不仅使地毯干净，而且改变了毛纱纤维的形态和排列状况，使洗后地毯柔润光亮，具有丝光效果。

剪沟工序：对洗后地毯的再加工，即用剪刀对毯面上的花纹再次精雕细刻，使纹样更加清晰，层次分明，状如浮雕。

整修工序：是地毯出厂前的最后一道工序，其任务是修理疵点，精益求精，确保产品质量上乘。

天津地毯展厅

天津地毯历史悠久，源远流长。曾获得多项荣誉，1965 年在民主德国莱比锡世界博览会上获得金奖，1979 年荣获中华人民共和国金质奖章，1984 年荣获中国工艺美术品百花奖金杯奖，1986 年在保加利亚普罗夫迪世界博览会上荣获金奖，1989 年获得首届北京国际博览会金奖等。

基于对天津地毯百年历史的自豪和眷顾，天津市隆兴集团有限公司为传承历史、激励后人，建立了天津地毯展厅。天津地毯展厅建筑面积 400 余平方米，共分为 6 个主题，展示了天津地毯的形成和发展历程，体现了天津地毯的重要地位和作用，以及在百年发展中积淀的丰富文化内涵和特有精神风貌。漫步天津地毯展厅，不啻一次感受天津百年地毯的文化之旅。■

天津地毯展厅

感光材料 为国争光

天津感光材料公司

老厂荣光

天津感光材料公司属知识、技术密集型，资金密集型的高科技企业，其前身为老字号天津感光胶片厂，创建于1943年（手工作坊式的七星公司，1953年公私合营改为七星摄影器材厂，1958年成立天津感光胶片厂），是我国轻工感光材料行业的大型骨干企业，也是我国黑白科技感光材料的生产基地。

天津感光材料公司技术力量雄厚，科技成果累累，产品质量优秀，企业管理先进，20世纪八九十年代开发鉴定科研成果91项，其中56项分别获得国家、部、委、市科技进步奖，连续被评为全国轻工科技进步先进单位。

天津南开密云路冶金路26号

争创第一

天津感光胶片厂在建厂初期，通过顽强拼搏、奋发图强，创造了多个全国第一。1957 年天津厂与化工部电影胶片厂筹建组进行技术协作，国内首创在医用 X 线胶片用氨法卤化银乳剂中应用金增感技术；国内首次研制合成了新型“583 稳定剂”（三氮吲哚利嗪类化合物）、表面活性剂 1292、防腐剂氯代间甲酚等。1958 年，在新建的第一涂布车间试产成功我国第一张医用X线胶片，开创了我国医用 X 线胶片生产的新纪元。1962 年，攻克了胶片清晰度较差的难关，研制并试产成功 Ⅱ 型工业射线胶片，标志了我国第一张工业射线胶片在天津的诞生，等等。

为国争光

在 20 世纪六七十年代，天津感光胶片厂视军工任务为重中之重的任务，由党政领导挂帅，组织强有力的科研和生产班子，很好地完成了多项军工产品的科研和生产任务，如核子乳胶的研制、工业射线胶片的研制与生产、航空胶片的研制与生产、航天遥感胶片的研制、科技感版的研制与生产等。

科技创新

为了公司健康持续发展，公司以人为本，培养高素质人才，先后培养了 40 多名高级工程师，4 名教授级高级工程师，其中有 9 位享受国务院政府特殊津贴。厂办感光化学技术学校，自 1958 年创办以来，已培养大中专人才 1000 余人，成为科研、生产的骨干力量。公司依靠科技创新，大力开发新产品的同时，积极调整产品结构，使得项目水平日益提高，取得了许多重大科研成果，多项新产品荣获国家级、市级奖。“科学技术是第一生产力”，公司依靠技术进步，努力提高生产水平，促进企业发展。

匠人匠心

徐焕是公司变更为国有企业性质后的第一任厂长，也是具有创新精神的企业领导人。他提出的“生产是元帅、科研是先行、教育是条件”的治厂理念成为天津感光胶片厂蓬勃发展的重要法宝。

“生产是元帅”：徐厂长十分重视文明生产。他提出“文明生产六个三”的口号，推行“文明生产制度”，大力建设花园式工厂。他以身作则，身体力行，亲自到车间检查更衣箱是否整洁、规范，要求车间内部设备、工具，包括墙壁、地面做到清洁、整齐，一尘不染。徐厂长狠抓产品质量的提高，重视产品标准的制定，建设检验楼，成立检验科，充实检验力量和仪器装备。他推行三级检验制度，保证了产品质量的稳定、提高。

照相干版是天津厂独有的产品，过去照相干版在天津市中心的“老厂”生产，生产条件差，不能满足科技干版的生产需要。徐厂长力主建新车间，关闭老车间。

“科研是先行”：徐厂长一再强调科研是先行官，科研要为生产服务。在他的努力下，由轻工业部投资建设了研究楼（大家常说的小白楼），完善了科研条件，充实了研究队伍，成立包括乳剂、有机、中型试验车间的研究室。从此工厂的科技创新实力有了很大的提高，真正做到了“研究一批，储备一批，生产一批”的要求。徐厂长十分重视科研为生产服务，强调新产品投产，科研人员要亲自下车间，要“一竿子插到底”。徐厂长对“科研是先行”情有独钟，他并不满足于成立研究室，他还计划成立研究所，规划新建研究大楼。

“教育是条件”：徐厂长是敢想敢干、雷厉风行的人。他遵照“两种教育制度”的指示，为建设半工半读感光技校呕心沥血。他亲自兼任校长，陶其巘工程师兼任副校长。他号召在厂的技术人员都要尽可能参加教育活动，参与编写教材，当技校兼职教师。他还提出了“学习猛钻，劳动猛干，钻干结合，工学并举，尊人严己，攀登科学高峰，奔向又红又专”的校训，并谱曲成校歌。从 1958 年开始，半工半读感光技校培养了一批又一批能文能武的感光专用人才，为天津感光事业的发展贡献了力量。1964 年，在徐厂长的大力倡导下，又创办了大专班。当时的天津市长胡昭衡还亲自参加了大专班的开学典礼。这批大专班同学毕业后被分配到本厂和日化系统其他厂，都成为厂级或中层领导骨干力量。■

强国梦想 大国重器

天津广播器材有限公司

天津七六四通信导航技术有限公司

始于为国"发声"

1949 年 1 月 15 日天津解放，天津新华广播电台开始播音。但是，当时天津修理收音机的店铺稀少且价格昂贵，为满足天津人民收听党的声音的需求，广播电台领导责成当时工务科负责人柳先成立研制小组，筹建以修理收音机及其他无线电设备为主要任务的工厂。1949 年 4 月，天津人民广播电台无线电工厂正式成立，由时任电台台长的鲁获同志兼任厂长。

在中华人民共和国成立的开国大典前夕，如何让千千万万的广大工农群众收听到大会的声音成为关键问题。这时，天津地区的收音扩音任务就落在了无线电工厂的肩上。这是工厂成立后接到的第一个重大任务，全员上下既

天津市河西区大沽南路 882 号

激动又紧张，摩拳擦掌势必要达成任务。由柳先同志和吕钟瑜工程师迅速组建研制项目组，勇担重任，经过夜以继日的艰辛工作，最终在开国大典前成功研制出 1kW“分离组接式”广播扩音设备，这是天津市第一台大型广播扩音设备。

“中华人民共和国中央人民政府成立了！”毛主席那庄严雄壮的声音从工厂制造的扩音机中播放出来的时刻，成了历代七六四人的骄傲，也为七六四后来在广播、通信、导航技术上的发展打下了第一棵桩。

奋勇锲行　铸军工魂

1951 年初，正值抗美援朝战场紧张之时，我军的扫雷器、小型步话机等设备数量紧张，损坏后难修复，中国人民志愿军领导找到天津人民广播电台寻求帮助，台领导经过考虑将这任务再次交到了无线电工厂。

想到战场急需，想到能够为前线的指战员们提供帮助，工厂职工们都积极要求加入维修组，特别是听到志愿军领导讲道：“如果给我们及时修好一台扫雷器，立刻运到战场使用，我们就可以少牺牲些同志，可以整班、整排少牺牲战友。”七六四的职工们更是斗志昂扬，誓要克服重重困难完成任务。随着战事逐渐紧张，七六四承担的后方修复任务也愈发繁重，从一天修复一两台到一天修复五六台，但即便如此，仍赶不上进度要求。于是，工厂做出重大决定，向志愿军领导请求，让职工前往丹东前线执行维修任务。身处抗美援朝前线职工们不但修复了扫雷器、步话机等，还帮助志愿军们修复了 500W 车载发射机。因为在此次任务中的突出表现，工厂受到了志愿军领导机关的表扬与奖励。同时，工厂又接受了一批军事系统的发报机研制和生产任务。在抗美援朝战争中，工厂展示出的技术实力以及产品的优异性能，引起了中央有关领导的关注。1953 年，工厂划归中央广播事业局，更名为国营天津人民广播器材厂，代号为“国营第七六四厂”，工厂被正式列为国家军工企业，从此开启了军工领域的发展征程。

公司始建于 1949 年 4 月，建厂厂名为天津人民广播电台无线电工厂，隶属于天津人民广播电台

电子部在第二工人文化宫宣布天津广播器材公司成立大会现场

20 世纪 70 年代研制生产的通信导航开始列装部队

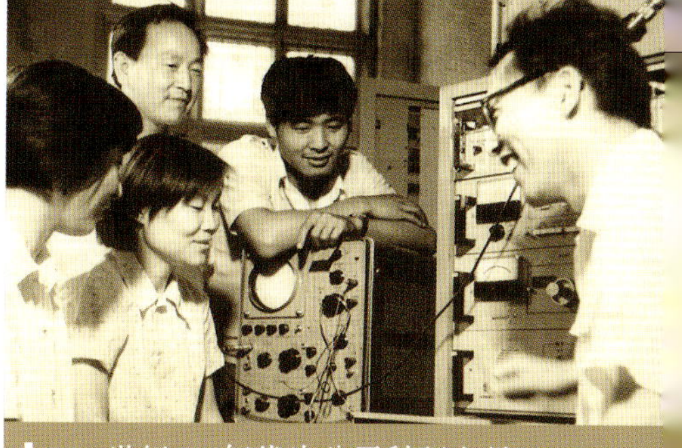

20 世纪 80 年代为公司科研人员正在研究 620 产品的改进

天津市劳动模范边新锷同志在工作现场

1971 年 6 月 6 日，柬埔寨国王诺罗敦·西哈努克及其夫人在我国外交部副部长韩念龙等陪同下来厂参观

潜心创造　厚积成峰

70 余载岁月，七六四厂始终坚守一个军工企业的责任与使命，从中华人民共和国成立之初中走来，保家卫国，为国尽职。国家号令在哪里，七六四的号角就在哪里吹响。七六四承担了多型国家级、省部级重点型号项目的研制生产任务，在通信导航领域多次突破技术壁垒，打破国外垄断，实现技术的国产化，为大国重器引航。自 1953 年起至今，七六四已经形成陆基地面导航和北斗卫星导航两个系列几十种型号产品。其中具有代表意义的产品还有 1957 年研制成功的第一代 20kW 广播发射机，该产品以周恩来总理的名义作为国礼赠送给柬埔寨国王，被命名为“柬埔寨皇家电台”；1965 年，红旗二号产品在击落美制高空无人驾驶侦察机中立下战功；1970 年，当时的新型发射机在辅助我国卫星及洲际导弹发射中发挥重要作用……自 1958 年以来，七六四先后研制出多种型号信标机，几度更新迭代仪表着陆系统。经过不懈奋斗，我国陆基地面导航产品链条构建完整，从此我国拥有了全套国产化的陆基地面导航装备，我国的战斗机、民用飞机再也不用看外商的脸色。七六四厂也凭借着深厚的技术积累和可靠的产品质量成为国内唯一可以自主研制生产全套陆基地面导航装备的企业。

在新时代建设下，七六四厂坚守初心、践行使命，在国家重大事件、重要时刻，勇往直前，肩挑重任，在历年国庆大阅兵、历次军事演习、远洋考察、抗洪抢险救灾、汶川地震救援、北京奥运会、建军 90 周年朱日和沙场点兵、南海建设、大兴机场建设等重大任务和国防建设上默默贡献着力量。

随着技术的不断发展，对于国防安全、民用航空航天等重点领域的全面国产化要求在不断提高。公司适应

发展时势，于 2008 年起开始布局北斗导航技术和装备的研制，同时不断推进陆基地面导航装备的民航国产化应用。历经奋斗十余载，北斗卫星导航成功研发并实现应用。在民航领域，公司生产的多个型号的导航着陆设备获得民航使用许可证。时至今日，七六四厂的设备已经安装并应用在国内十几个民航及通航机场。

七六四厂虽然在专业领域成绩斐然，但始终戴着神秘的面纱，不为人所广知，但七六四厂的名讳也一直流传在天津的老百姓茶余饭后闲谈中。20 世纪七八十年代，公司进行民品开发扩产增效，凭借技术优势，很快研制成功一批民用产品并投放市场。我国第一台采访型盒式磁带录音机“莺歌牌 501 型”盒式磁带录音机，以及在其基础上迭代的“三环牌”录音机、“星牌”收录机、“星牌 701A”立式单筒拨轮洗衣机等，都成为当时天津百姓大众中炙手可热的抢手货，成为当时结婚必备大件之一。同期研制成功的电警棍，被公安部誉为“华夏第一棍”，广泛配发在公安警用系统中。如今，当年产品热销的场景成为“江湖中的传说”，至今都是很多 60 后、70 后、80 后的记忆，激起心头怀旧，引来阵阵的欢声笑语。

荆门导航台

奋斗百年路　启航新征程

在七六四厂的发展历程中，受到了国家领导的许多关心，中华人民共和国的主要缔造者、老一辈无产阶级革命家毛泽东主席曾亲切接见过工厂代表时任厂长的吕珂同志，党和国家领导人也曾多次亲临视察指导。

公司在长期的经营和发展中，涌现出众多的先进人物代表，有记录记载的享受国务院特殊津贴专家有 8 人，分别是杜洪起、姜亚尚、郑金木、姜保坤、万文雅、张贤成、韩亚洲、栗秀清，获得天津市和全国劳动模范、五一劳动奖章的集体和个人共计 45 人。公司现保有国家专利 193 项，编制在用国家行业标准 15 项。

岁月铭刻奋斗艰辛，历史映射光辉历程，七六四厂在经历了市场经济的浪潮洗礼之后，也经受了转型期的困难与彷徨，七六四厂在不屈中求生存，在探索中谋发展。七六四人始终践行着“为国防事业做贡献”的使命，胸怀梦想，砥砺前行。过往资料和经历者的生动记述，真实地反映了七六四厂这个与中华人民共和国同龄的军工企业 75 年来的发展历程，同时也从一个侧面映射出中国在共产党领导下进行伟大社会主义建设的历史画卷。

招远未来，七六四厂将坚持创新引领，以智能化、信息化为先导，打造一个国际一流的通信导航设备研发制造企业，守护强国梦想，引航大国重器，做国防科技工业的时代先锋，向更高的目标扬帆起航。■

米波仪表着陆设备——航向台

长城电视 见证辉煌

天津市长城电子有限公司

天津市长城电子有限公司，历经风雨70余载，在中华人民共和国电子工业发展进程中留下了辉煌印记。

无线电三厂

中华人民共和国成立后百废待兴，在军事领域备受瞩目的电子工业，作为当时高新技术产业的骨干力量，被党和国家寄予厚望。长城电子公司的前身“强生电机厂”应时而生。20世纪70年代，为响应国家“四个现代化”建设的号召，强生电机厂进行了较大规模的重组改革，变更为“无线电三厂”。无线电三厂一经成立，即被确定为全国彩电8个试制定点厂之一，并开始生产黑白电视机等产品。

天津市河西区陈塘庄怒江道8号

在此期间，电视机作为炙手可热的当红高端商品，市场需求量大，产品效益好。无线电三厂、无线电四厂和长城无线电厂成立联合研发组，研发黑白电视新品。由于 14 寸的显像管刚在北京研发成功，结合当时民众对电视机产品屏幕大小的追求喜好，决定自主研发 14 寸黑白电视。受制于当时物质条件的匮乏，研发人员秉持“立足实际，兼顾成本”的研发思路，最终研发了全国第一台极具商业价值的 14 寸黑白电视机——天津牌 TJ-331 型全频道黑白电视接收机。一经上市，就受到大众喜爱，在全国热销，该产品项目因此荣获天津市优秀科技成果二等奖。

天津市电视机厂

20 世纪 80 年代初，改革开放推动了消费电子产品的需求，电视机市场需求强劲。

1982 年，无线电三厂与成立于 1958 年的长城无线电厂合并成立天津市电视机厂。它的成立，标志着天津电视机生产资源全面整合完成，使天津具备了完整的电视机配套产业链，并拥有了大型电视机生产企业，奠定了天津成为当时和今后一段时期全国最重要的电视机生产基地的物质、资源、人才基础。

进军彩电产业

时任天津市长李瑞环同志在视察天津市电视机厂时，提出了天津市电视机产业应着眼更高的标准、用更大的气魄，向世界一流标准看齐的重要指示。按照这一指示，1988 年初在天津市电视机厂的基础上，组建天津市长城电子公司，为国家大一级企业。

借助企业蓬勃发展的东风，公司引进日本东芝生产线，进军彩色电视机产业。全新的、规模庞大的彩电车间大楼建立起来，车间内全面采用世界一流的流水线设备，从零部件到成品检验、包装一次性完成。无论是生产规模、效率，还是质量控制，都向世界最高标准看齐。

采访柴玉珂

“长城”耀中华

20 世纪八九十年代，长城牌电视机行销全国，成为著名的电视机品牌。期间，企业经营规模曾连年进入中国电子工业百强行列，数次进入中国工业五百强。同时，长城牌连续被认定为天津市著名商标。

长城牌电视机曾获得了一批荣誉：1984 年荣获全国第四届黑白电视接收机质量评比一等奖；1985 年荣获电子工业部优质产品称号；1986 年荣获国家质量奖银奖；1987 年荣获中国出口名特产品金奖，全国彩电质量评比二等奖，全国黑白电视质量评比三等奖；1988 年荣获全国第二届彩电质量评比一等奖；1990 年荣获“中国妇女儿童用品四十年”博览会金奖；1991 年荣获第一届中国国际电子贸易博览会金奖；1991 年荣获国家质量奖银奖；1983 年—1998 年连年荣获天津市优质产品称号。

长城电子公司为天津市的经济发展做出了贡献，1988 年产值达到 5 亿元，利润达到 1 亿元，进入中国工业 500 强、

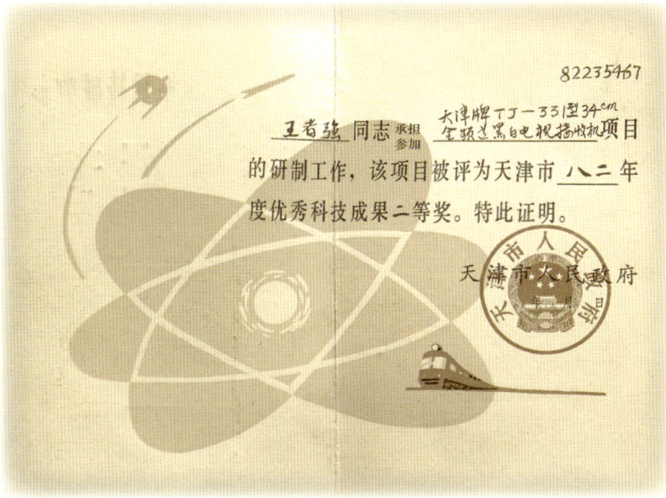

82235467

王者强 同志 承担/参加 天津牌TJ-331型34cm全频道黑白电视接收机项目的研制工作，该项目被评为天津市 八二 年度优秀科技成果二等奖。特此证明。

天津市人民政府

电子工业百强；1987 年—1988 年连续进入中国电子工业百强企业；1989 年被评为天津市级先进企业；1989 年—1990 年连续被评为电子工业部百家出口企业先进单位；1990 年进入中国工业企业 500 强行列；1993 年被评为天津市最大百家企业，荣获“七五”期间全国机电产品出口先进单位。

新世纪的转型

随着市场需求的变化和激烈的市场竞争，长城电子公司经历了为三星、TCL、海尔、春兰等公司加工电视机、显示器，最终于 2003 年，长城牌电视机退出历史。

在天津中环电子信息集团有限公司管理下，2005 年，渤海无线电厂划归长城公司管理。2009 年，长城电子公司本部推进国有企业改革，由全民所有制改制为国有控股公司，公司名称改为“天津市长城电子有限公司”。

经过半个世纪的拼搏与付出，长城牌电视机虽然停产，却为天津市电视机产业打造出了完整的配套产业链、具备了产业发展所需的人才、技术、资源储备。这些条件也成了外企选择长城电子有限公司作为合作伙伴的基础，保证了天津市生产的电子产品，仍以世界一流的品质，行销全国，走向世界。■

王者强

海鸥名牌 工业成就

天津市渤海电子有限公司

渤海无线电厂

以收录机为代表的民用电子音响产品，曾是天津市电子信息产业的重要组成部分。“海鸥牌”收录机是进入全国亿万家庭的无数“天津制造”产品之一。

创建渤海无线电厂

1953 年，原兴安贸易行和投资公司合资兴建了一个公私合营企业，即后来的织物漂染公司。1960 年 5 月，根据天津市纺织工业局〔60〕津纺计字 119 号文件精神，原织物漂染公司与天津市第一电讯器材厂合并成立天津市电讯器材厂，主要生产电子管收音机、电键调压变压器等产品。1963 年 1 月，根据电讯公司〔63〕讯生计字 1 号

天津市河西区陈塘庄怒江道 8 号

文件的要求，老渤海无线电厂并入电讯器材厂。1963 年 3 月，电讯器材厂正式更名为天津市渤海无线电厂。

自此，坐落于陈塘庄工业区怒江道 8 号院区的天津市渤海无线电厂形成了音响、收音机等电子产品的科研生产能力，具备了宏大的企业规模，聚集了一批专业技术人才，成为日后“海鸥牌”收录机诞生的土壤。

定位民用方向

早在 1960 年，天津市渤海无线电厂已经可以生产 7 灯收音机等产品。1961 年 7 月，自行研发的 355 五灯电子管收音机投产，标志着渤海厂形成了收音机产品的独立研发、生产能力。1962 年 5 月，渤海厂具备了注塑能力，开始自行生产塑料机壳。

1966—1973 年，天津市渤海无线电厂收音机的产量从 2.2 万台增长到 14.3 万台，同时完成了从电子管到晶体管的技术跨越。

1973 年后，经过企业的努力，民用收音机的产量急剧增长，从 1973 年的 14.3 万台增长到 1981 年的 70 万台。20 世纪 80 年代，渤海无线电厂以民用收音机、录音机、收录机等产品为骨干，发展成为国家电子工作重点企业之一，曾经位列天津市 50 个大企业，并进入全国 1400 个大企业。

“海鸥牌”收录机

20 世纪 80 年代早期，渤海无线电厂经过 20 多年的发展，从简单的电键生产到复杂的雷达生产，从电子管收音机的生产到高档的收录机调频调幅立体声组

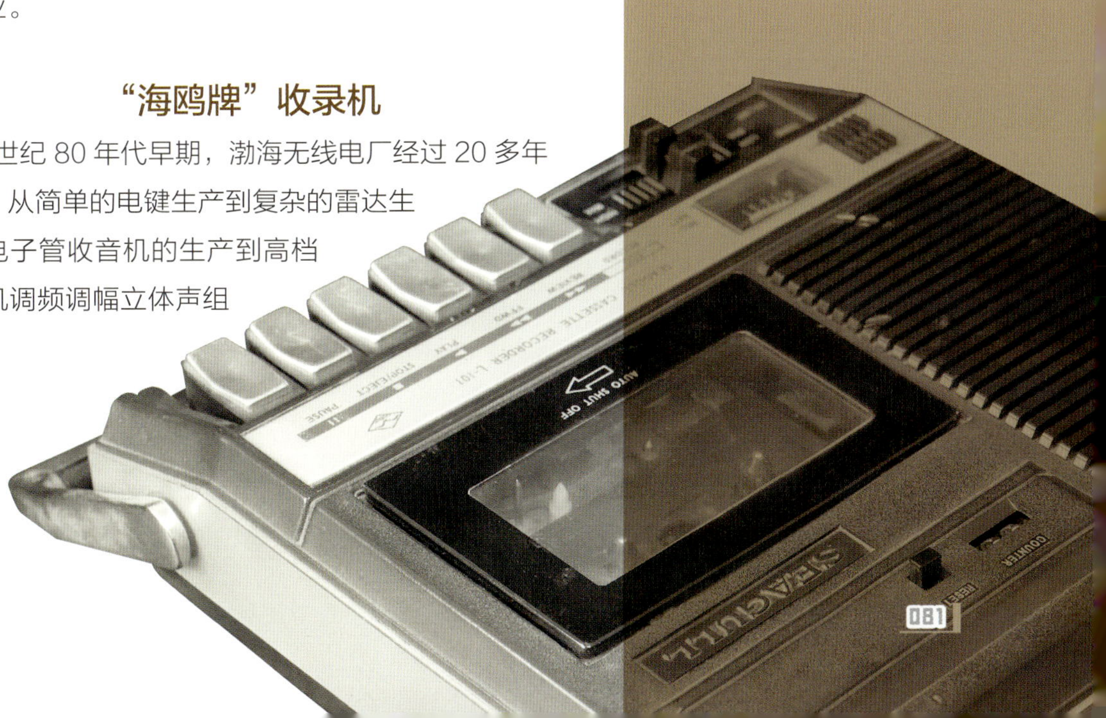

SEAGULL
海鸥牌

合机的生产，发生了根本的变化，取得了显著的发展。

“海鸥牌”能成为时代的佼佼者，根植于渤海无线电厂深厚的技术功底和过硬的工艺质量水平。1976 年，“海鸥牌”803 一体机已集成收、扩、转、对讲四种功能，产品技术水平达到国际先进水平。“海鸥牌”还能为市场提供质量可靠的汽车收音机产品。同时，部分产品获得国际市场认可，705 收音机出口 2.5 万台。

这一时期，“海鸥牌”收音机与“飞鸽牌”自行车、“牡丹牌”缝纫机、“北京牌”电视机等“天津产”工业品一起，成为那个时代天津市辉煌的工业成就的象征。

“海鸥牌”产品获得了多项荣誉。1979 年，海鸥牌 708、709 半导体收音机被评为优质名牌，特授予“著名商标”称号；1981 年，海鸥牌 708 半导体收音机产品荣获天津市人民政府颁发的“优质产品”称号；1982 年，海鸥牌 820 型收音机在全国第八届收音机质量评比中荣获一等奖；1983 年，海鸥牌 821 型调频调幅三波段便携式收音机荣获电子工业部优质产品奖；1984 年，海鸥牌 821 型调频调幅三波段便携式收音机荣获国家质量奖银质奖章；1987 年，海鸥牌 L-311 型收录机荣获全国质量评比一等奖，天津市科技进步（成果）二等奖；WG800 型舞台音响设备荣获天津市人民政府颁发的新产品优秀奖；1988 年，海鸥牌 WT16 立体声调音台荣获天津市人民政府颁发优质产品称号。DBE-20-01 型收录机用电源变压器在全国质量评比中荣获一等奖。

企业转型

随着市场需求的变化，渤海无线电厂停止生产民用收录机，结束了“海鸥牌”的历史。但渤海无线电厂的故事没有就此停止。20 世纪 90 年代，企业通过转变机制，优势重组，重新组建了 5 个新的公司：渤海欧立电子有限公司、航利电子有限公司、海达电子公司、健隆纸制品有限公司、神光新技术开发公司。这些公司主要生产汽车音响、专业音响、铁路广播系统、高光反射器及模具、舰载雷达

及船令广播系统等；具有线路板配套加工、模具制造、注塑、喷涂、机加工、纸制品加工等生产能力。

2018 年，渤海无线电厂在长城电子公司管理下推进国有企业改革，由全民所有制改制为国有控股公司，公司名称改为“天津市渤海电子有限公司”。企业拥有的注塑产能仍在发挥作用，从事汽车用高透光注塑部件的生产制造，和大型家用电器的塑料外壳生产；无线电技术仍推动着民用的地铁广播系统、军用的海军通信放大器等产品的研发制造工作。

老厂新貌

2016 年，天津打造“北方设计之都”，并成立北方设计联盟，将设计行业作为主导产业，先后出台了多项扶持政策和行业指导意见。依托“北方设计之都”核心区政策及资源优势，从 2022 年底开始，在原渤海无线电厂厂区基础上改建而成的“哪吒·设计小镇”被河西区政府认定为“区级重点项目”“河西区窗口型园区”“新型都市综合体示范园区”“都市产城融合示范园区”“北方设计之都联盟园区”等称号。

“哪吒·设计小镇”秉承“创设产品实现基地”的定位和“只为优质生活”的产品理念，形成产品设计、产品初试、供应链 OEM、直播带货销售的产业链条和生态体系，并搭建国际及国内品牌产品的联名款、明星系列产品、文化衍生品、合作开发产品、院校成果转化产品、政采设计产品等合作渠道。

旧日的厂房被重新规划，新兴产业在这片土地上迅速崛起并发展壮大。漫步厂区之中探索寻觅，一排排老厂房已经重装亮相，老工业气息为新空间平添了别具一格的设计感。老厂新貌焕然一新。在这里，故事还在继续，新的篇章已经重新开启。■

02

名匠津品

立足西岸，放眼津城。六百岁的城市藏着无数『宝藏』。打开『老字号』地图，在津城中走街串巷探访匠人、叩问匠心。精益求精出『精品』，匠心汇聚铸『津品』。

中国名牌 永争一流

天津渤化永利化工股份有限公司

天津渤化永利化工股份有限公司（简称永利化工公司），是渤海化工集团公司所属大型国有化工企业，其前身是范旭东、侯德榜、李烛尘等创业先驱于 1914 年在塘沽创建的久大精盐厂和 1917 年创建的永利碱厂基础上发展而成的天津碱厂，是中国纯碱工业的摇篮和近代化学工业的策源地。

民族之光

永利化工公司事业的近百年发展历程以盐为本、酸碱并进，见证了中国化学工业从弱到强的光辉历程。曾经，“红三角”牌纯碱被誉为“中国近代工业进步的象征”，“联合制碱法”确立了化工生产绿色循环发展的典范。如今一个个现代化的化工生产装置矗立在蓝天之下，每一套化工

天津市滨海新区临港经济区渤海十路 3369 号

装置都在不断书写着我国化工行业新的骄傲，“红三角”“海王星”屡获殊荣，永利化工被誉为“碱业巨擘、民族之光”。

在永利化工公司档案室，保存着一张 1953 年颁发的中华人民共和国“第壹号”发明证书。退海之滨，大片的盐碱滩，吸引了留学回国的实业家范旭东。20 世纪初，碱是工业之母，突破不了纯碱制造技术，中国工业发展就被“卡住脖子”。范旭东成立永利碱厂，邀请同样留学归来的科学家侯德榜加入。在社会动荡、战乱频发的环境下，永利先后突破索尔维法、察安法两种制碱工艺，并于 20 世纪 40 年代发明“侯氏制碱法”。1953 年 7 月，侯氏制碱法获得中华人民共和国“第壹号”发明证书。

永利化工公司的厂史展览室中，陈列着一块残缺的汉白玉纪念碑。此碑为“永久黄”同人为纪念范旭东先生所立。背面碑文为侯德榜先生所书“范先生手订本团体信条”：“我们在原则上绝对的（地）相信科学；我们在事业上积极的（地）发展实业；我们在行动上宁愿牺牲个人顾全团体；我们在精神上以能服务社会为最大光荣。”这“四大信条”是“永久黄”团体的精神追求，被后人誉为“中国企业精神的鼻祖”。

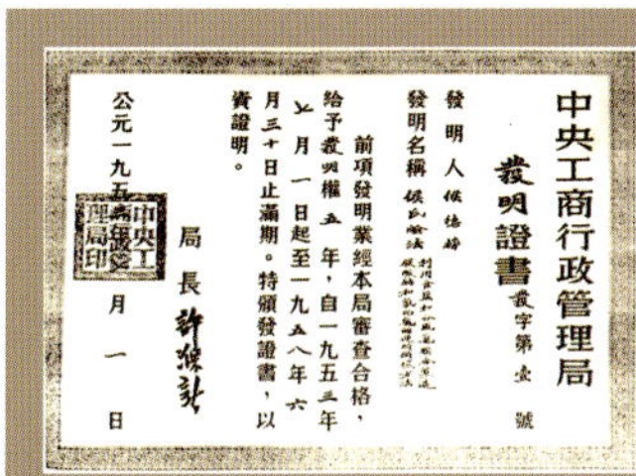
中央工商行政管理局
發明證書 發字第壹號
發明人 侯德榜
發明名稱 侯氏碱法
前項發明業經本局審查合格，給予發明權五年，自一九五三年七月一日起至一九五八年六月三十日止滿期。特頒發證書，以資證明。
局長 許滌新
公元一九五三年 月 一 日

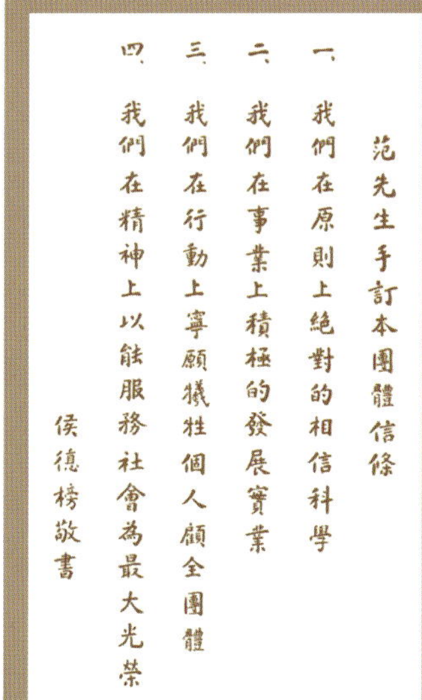
范先生手訂本團體信條
一、我們在原則上絕對的相信科學
二、我們在事業上積極的發展實業
三、我們在行動上寧願犧牲個人顧全團體
四、我們在精神上以能服務社會為最大光榮
侯德榜敬書

跨越发展

百年永利人始终秉承“红三角永远追求卓越”的价值理念，2005 年，永利化工公司实施搬迁改造，并于 2010 年建成投产。永利化工公司搬迁改造工程的成功，不仅实现了创业先辈挖掘海洋宝藏服务人类的夙愿，更实现了从单一无机化工向海洋化工、煤化工、石油化工相结

合的现代企业延伸与转变，使承载着百年企业光辉历史的“红三角”品牌实现了新的历史跨越，开辟了企业发展史上的新纪元。

2022 年 1 月 26 日，在天津港保税区区内企业天津新氢能源发展有限公司加氢母站项目投产揭牌仪式在永利化工公司举行。这不仅标志着天津港保税区氢能产业加氢母站项目实现新突破，更对推进天津滨海新区氢能产业发展具有里程碑意义，对推进天津市氢能产业建设、引导氢能产业集中布局、集聚发展具有深远影响。加氢母站项目的建设和投用，对打造清洁低碳安全高效的新能源体系起到积极作用，更加坚定了永利化工打造具备国际先进水平的新能源龙头企业及北方重要新能源产业基地的信心。

扎根津城

永利化工公司持续加大科研力度，强化产学研合作，加强与京津冀地区高校、科研院所的对接交流；促进多方联动，通过关键技术赋能，实现绿色发展；强化成果运用，推动创新成果从“实验室”走向“现场”。

永利化工将品牌文化与天津城市文化深度融合，策划研发特色鲜明、代表性强的特色品牌产品，塑造名牌队伍、名牌产品、名牌企业，以“红三角”品牌的优质产品和优质服务赢得世界顶级客户的青睐，也以丰富的精神财富服务社会。永利人以“中国名牌，永争一流”

的精神姿态，巩固提升国有老字号品牌的影响力和美誉度。打造城市新名片，助力国际消费中心城市和区域贸易中心城市建设。

档案历史

永利化工公司建立有“天津渤化永利化工股份有限公司厂史馆”“天津渤化永利化工股份有限公司历史档案馆”和保留有“黄海小楼”历史古迹，将珍贵的历史完好保存，从而支持公司文化的传承，展示国企老字号历史文化特色和形象。

《“永久黄”企业档案》真实记录了久大精盐公司、永利化学公司、黄海化学工业研究社的创立和发展历史，展现了中华民族海洋化学工业从无到有，在国际市场获得殊荣的光辉历程，是爱国主义、集体主义和艰苦奋斗发展民族工业的生动展示，是中国工业发展史上不可多得的珍贵文化遗产。2022年，国家档案局组织了第五批中国档案文献遗产名录申报和评选，天津市档案馆与永利化工公司联合申报的《“永久黄”企业档案》成功入选，公司将珍贵的历史完好保存，从而支持企业文化的传承。

砥砺前行

永利化工公司，在其百年漫长的历史发展中，伴随着坎坷和荣耀，浸润着拼搏与汗水，走过了坎坷、曲折、发展、壮大的道路。作为中国化学工业的发祥地，今天的永利背负几代人的希冀，秉承几代人的宏愿，数不尽的荣誉背后蕴藏着一代又一代永利人践行初心使命的担当作为，新时代的永利人将以“红三角永远追求卓越”为理念的“永久黄”团体继承者，坚守实业报国理念，开辟品牌发展新道路，为夯实天津制造业根基、加快建设制造强市贡献永利力量，续写新时代的永利品牌故事。传承“永久黄”光辉历史，开创“红三角”美好未来。■

永利化工

千年盐业 提质创效

天津长芦汉沽盐场有限责任公司

从古至今，盐业在天津这片富饶的土地上都扮演着重要角色，天津长芦汉沽盐场有限责任公司（以下简称汉沽盐场）则是天津盐业中的重要一员。

千年盐业

汉沽盐场建场很早，置场于后唐同光三年（925 年），千余年以来，其生产工艺主要经历了三次重大调整。

一是在清康熙初年由“刮土淋卤、锅煎成盐”改为了日晒制盐，产量和品质有了大幅提升。二是在 1955 年开始精制食用盐生产，是国内最早生产精制食用盐的企业之一，经过多年探索、改进，到 20 世纪 80 年代，技术上逐步成熟，食用盐的品质走在了全国同行业前列，因而也获

天津市滨海新区汉沽国家庄街 28 号

得了很多荣誉。三是在 2006 年，建成了全国唯一的一套滩晒饱和卤水四效蒸发生产精制食用盐装置，当时是年产 15 万吨，现在又建成了一套 30 万吨的装置，实现了精制食用盐生产技术上的又一次重大突破，到现在仍是国内唯一的一套。

中华人民共和国成立后，为改变多年延续的人拉肩扛式的全部依靠人力的生产作业方式，1966 年，汉沽盐场进行改滩，建设了大型集中式盐田——中间试验场。1977 年，汉沽盐场结合唐山大地震后的盐田恢复，开始兴建大型白庄结晶区，于 1983 年建成投入使用，实现了塑苫、收盐、洗盐、集坨、放销机械化，改变了盐业生产全部依靠人力的历史，减轻了工人劳动负荷，提高了生产效率。后来，汉沽盐场还进行了平改塑、水改汽等调整，这些都是为适应生产经营形势变化而进行的。

2007 年，汉沽盐场投资上马了四溴双酚 A 项目，实现了当年施工建设，当年试车生产。后经不断优化升级改造，产能不断提高，达到了国内规模最大。四溴双酚 A 项目的建设，标志着汉沽盐场从传统的制盐和卤水化工向精细化工转型。如今，四溴双酚 A 已成为企业的支柱产品。为配套北疆电厂海水淡化，2011 年汉沽盐场建成了浓海水提取工业溴项目，经过挖潜增效措施的落实，有效利用电厂排出的浓盐水余热实现全年生产。现在，溴素年产能达到了 7000 吨以上。

近年来，汉沽盐场完整、准确、全面贯彻新发展理念，深入推动落实市委市政府的“十项行动”战略举措和“盘活存量、培育增量、提升质量”工作要求，也认真总结了这些年企业的发展脉络。存量上的盘活，打好老字号品牌，抢占产品市场；增量上的培育，进军水产养殖业、打造盐业风情游览区、发展风电光伏新能源；质量上的提升，建成 30 万吨食盐生产基地、升级改造四溴双酚 A 生产线、创新溴素生产工艺。可以说盐、盐化工、溴产业、水产养殖、文工旅学、新能源六大产业板块呈现出百舸争流、千帆竞发的良好态势，经济指标、职工收入连年持续增长。

精制食用盐生产厂区

日晒盐生产

党的十八大以来，汉沽盐场解放思想，抓住机遇，在各种“利好”下，以“赶考状态”采取多条腿走路，利用企业自身优势，深挖潜力，形成了六大产业板块，实现了一二三产业融合发展，为企业高质量发展蓄足后劲。

穆清洁与“鱼籽盐”

“鱼籽盐”，是汉沽盐场所属的再制盐厂生产的一种特色精制盐，为国内首创产品，由穆清洁发明。其特点是流动性较强，品质纯正；干燥洁白，佐餐烹调方便。因其不固结的颗粒状精制盐形同鱼籽，被叫作“鱼籽盐”，特点是流动性较强、品质纯正、干燥洁白、佐餐烹调方便。

1976 年，穆清洁发现厂里生产的普通细盐中有少量圆粒状盐，眼前倏然一亮。他觉得自己可以在盐的“圆”上做文章，不出意外的情况下，这应该是一次大胆和有意义的尝试。一旦研发的新品种盐成功，那必将是对传统盐的一种革新，很可能为企业带来可观的经济效益。在这种创新想法的激励下，此后的工作中，他更加孜孜以求，刻苦钻研。首先，他提出了调整精制盐的生产工艺，然后观察、实验，再观察、再试验，经过一年的努力，他终于找到了圆粒状精制盐生成的条件和规律，并在工人精心操作下，使生产工艺成熟，主要工序是，化盐—蒸发—脱水—沸腾—灌仓—入库。由于这种盐形同鱼籽，穆清洁在和相关人员商议后，将其命名为“鱼籽盐”。

鱼籽盐一鸣惊人，填补了我国没有这种盐的空白。正如穆清洁所预想的那样，鱼籽盐很快走红，闻名全国，享誉国际，尤其受到外商的青睐。一时间，鱼籽盐成了很多外商加工高级食品的原料。由此，再制盐厂精制盐的内销和出口进入了一个历史性的崭新阶段。鱼籽盐的产量也逐年递增，由 1976 年年产几百吨上升到 1981 年的 2 万吨以上，行销日本、美国、加拿大、新西兰、韩国以及独联体、东南亚国家和中国香港等地区。之后，穆清洁又认真总结操作程序上的经验，制订出岗位操作规程，使生产创历史最好水平——月产 1900 吨、日产 86 吨的纪录，有力地支援了国家的外贸工作，仅 1979 年的一年里，鱼籽盐就为汉沽盐场创外汇 64 万美元。

伏案工作的穆清洁

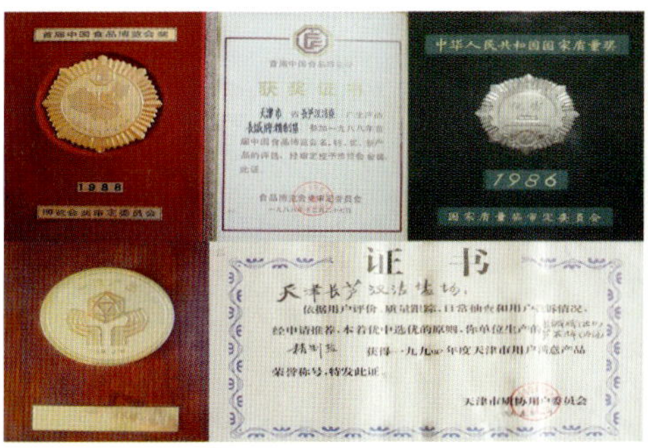

企业荣誉

七彩盐田

文化律动

汉沽盐场是古老的，每一个角落都浸透着历史文化的痕迹，有“煮海熬波，晴堆如雪”的长芦盐传统制盐技艺，这是天津市的非遗；有古盐滩遗迹，有号称“亚洲第一大坨”的盐坨，更留有大滩王、八卦滩、金马驹、灵芝草等传奇故事；汉沽盐场也是年轻的，2023 年入选国务院国资委“双百企业”；“七彩盐田”成为网红打卡地；盐业风情游览区，成为第一批市级非物质文化遗产传承体验基地并获评国家工业游示范基地，天津市仅此一家；食用盐 001 精品款，入选天津礼物；汉盐海泽牌盐田虾，成为“津农精品”。

砥砺奋进，风雨兼程，百里盐滩上燃起“希望之光”……在习近平新时代中国特色社会主义思想的指引下，这个历经沧桑的千年盐场加快转型升级，实现高质量发展的脚步依然坚定而匆忙。

盐场劳作

“莫谓盐滩土质差，不生五谷不生花。须知贵与蓝田等，种水能收白玉砂。”曾被爱国人士崔戟荣赞美的汉沽白盐，在新时代依旧焕发着勃勃生机，讲述着老盐粒的新故事。■

形佳味香 臻善至美

狗不理集团股份有限公司

发展理念：做老品牌，不做老企业

企业使命：让狗不理包子这一发酵、蒸制食品，为人类健康做贡献

服务宗旨：寻找世界上最好的原材料，为人类健康服务

经营理念：诚信为本，品质经营

企业愿景：做世界知名的中国百年品牌

发展目标：成就共同价值，共享品牌成果

狗不理包子来历

狗不理始创于 1858 年。当时，在天津附近郊县有一户农家，家主 40 岁喜得贵子，为求平安，取乳名叫“狗子”。狗子长到 14 岁时，来到天津学手艺，在一家蒸食铺做小

天津市西青区赛达八支路与赛达二大道交叉路口往西北约 200 米

伙计。由于狗子心灵手巧、勤奋好学，练就一手好活儿，后来自己摆起了包子摊儿。

他自己琢磨出来了水馅半发面的工艺，使得做出的包子口感柔软，鲜香不腻，吸引了十里八乡的人们都前来吃包子，生意十分兴隆。狗子忙得顾不上说话，人们都说“狗子卖包子不理人”。这样天长日久人们就把他的包子铺叫“狗不理”了。

传说，袁世凯在天津小站操练新军时，把“狗不理”包子献给了慈禧。慈禧品尝后，容颜大悦，说：“山中走兽云中雁，腹地牛羊海底鲜，不及狗不理包子香矣。”从此狗不理名声大振。

匠心传承　香飘世界

狗不理始终严格恪守的古训“当用不省，以诚为利；待客戒欺，以信为义”，早已融入一代又一代包子技师的骨子里。在当今机械化已无处不在的时代，狗不理的技师们依然靠着手工一个褶一个褶地精心包制十八个褶儿。褶花中蕴藏的匠心，让狗不理包子显得尤为珍贵，也使其独特技艺入选“国家级非物质文化遗产名录”，成为享誉世界的知名老字号品牌。

狗不理
狗不理

技艺——匠心独运　承载美味

在中国，不同地域的人对包子有着不同的偏好，北方人喜欢暄软细嫩的发面包子；南方人偏爱汤汁饱满的烫面包子，当年的狗子也了解到了这一点，于是发明了水馅半发面工艺：将高汤打入肥瘦适宜的馅料、以小磨香油和馅，再以“一拱肥”将面皮制成了半发面，做出的包子经过蒸制后汤汁饱满，又不像发面包子一样吸满汤汁就会糟帮塌底。这恰到好处地将南北风味结合起来。这样的工艺搭配十八个褶儿和鸭嘴型封口制成的狗不理包子，形似菊花、状若凝脂、褶花褶儿骨立清，口感松软、馅不结团，散发着浓浓面香、肉香、葱香、香油香和酱油香，品尝时刚入口就能吃到皮和馅，直到最后一口依然有皮有馅，鲜自天然，美味而雅致。

食材——专供专制　臻善至美

在吃的法则里，风味重于一切。独有的口味必然离不开选料、配料上的诸多讲究，原材料的专供专制是保证狗不理包子独特口味的一大秘诀，也是匠心精神的另一佐证。

色白天然，面筋弹而不硬、韧而不黏，麦香清新——狗不理根据独特的制作工艺总结出了规范化的面皮标准，并坚守至今。20 世纪 60 年代，随着小麦亩产量不断提高，

生长环境不断变化，多年沿用的富强粉，麦香味和面筋度已经无法满足制作要求。为了坚守传统和老味，狗不理的技师们踏上了寻找本味之旅，最终在北纬 50° 和南纬 40° 一带发现了优质原产地小麦。由于当地昼夜温差大、日照充足，该小麦产出的面粉色泽莹白、麦香浓郁。麦芯，是小麦的精华，一颗小麦仅能出产十分之一的优质麦芯粉。经过长达两年近千次研制，狗不理技师们终于配比出能够满足狗不理包子用面标准的粉芯粉，这种专用面被称为狗不理专供一号面。

在猪肉的选材上，狗不理包子只选用生长周期 6 个月以上的生态猪特定部位，经过 24 小时排酸，肉质变得鲜香弹嫩、营养健康。而狗不理包子令人难以忘怀的酱香味儿，则源自传统的狗不理专制酱油，这种酱油精选产自东北的优质大豆，采用传统高盐稀态工艺，经过不低于 180 天发酵而成，其中的氨基酸态氮含量甚至优于特级酱油，造就了独有的酱香味。相较于现代规模化生产的酱油，狗不理专制酱油的成本显然高了很多，但为了坚持老味标准，为顾客提供更好的体验，狗不理愿意为这一部分买单。天津宝坻地质黏重，水肥气热，盛产鸡腿葱。相较于知名的章丘大葱，它葱白更加结实饱满，质地细嫩，辛香味浓；泰山东麓的莱芜淋溶褐土，盛产的黄姜姜黄素含量高，丝儿少肉细，辣味鲜香。它们虽不是狗不理包子馅料中的主角，但其独特风味与精选用料相辅相成，恰恰成就了狗不理包子的鲜香美味。

狗不理
狗不理

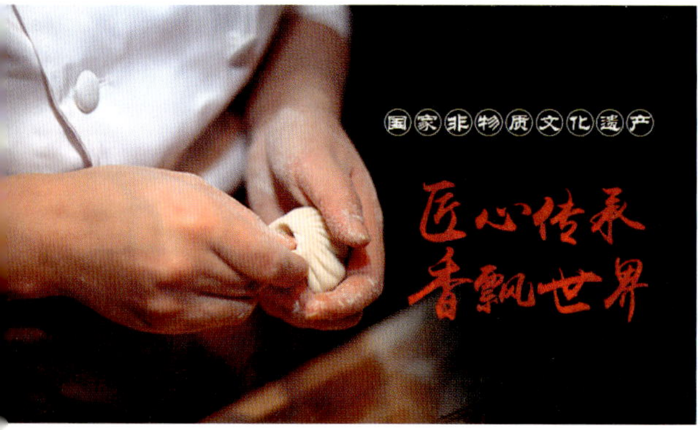

（下一）师带徒传授狗不理包子制作

（下二）2024 年六一儿童节非遗技师传授

传承——薪火相传　弘扬经典

在狗不理包子超过一个半世纪的传承中，独特的水馅、半发面技艺一直沿用至今，并在演进过程中被总结归纳为“八步操作法”：和面、压面、出条、放剂、擀皮、置馅、成形、蒸制。不同的节气、室内环境、温度、湿度，乃至馅芯中心温度的变化，都会对包子口感产生不同程度的影响。只有精准掌控半发面技术，馅芯调制手法、技巧，以及上屉、蒸制的时机与火候，才能制作出触动人心的美味，这些都需要相当丰富的实践经验。而这背后，则是狗不理包子技师团队的数十年如一日的锤炼与积累。

虽然狗不理已针对包子制作工艺形成了一套完善的操作标准，但操作经验和技巧有时无法用语言精准表述。因此狗不理将标准化流程与师带徒的传统培养方式结合起来，使传统工艺的传承既有人文情怀又有科学严谨。在狗不理，无论是年近古稀的老一代国家级非物质文化遗产传承人，还是刚过而立之年的新一代传承人，他们最大的快乐，不仅来自国家和社会的认可，还在于依然能够坚守在一线，享受精进技艺带来的挑战和乐趣，以及亲身将这种东方美味带到瑞士、美国、加拿大、日本、韩国等国，让中国美食和中国匠心精神广受世界赞誉的成就感。

在当今工业高效率低成本的社会生产环境下，以狗不理包子为代表的纯粹的匠心精神愈显珍贵，正所谓“器物有魂魄，匠人自谦恭”。这种对于匠心的坚守，正是对中国“道心惟微，惟精惟一”传统文化的最佳解读与传承，也因此展现出独有的魅力和生命力，成为中华美食核心，活的文物，中国人情感的根。■

北京故宫博物院于2019年1月28日起举办“中华老字号，故宫过大年”展，狗不理作为中华百年老字号知名品牌的代表受邀参加本活动，为游客提供正宗的狗不理包子。

炸糕小吃 成就大业

天津耳朵眼炸糕餐饮有限责任公司

天津耳朵眼炸糕餐饮有限责任公司是专营耳朵眼品牌食品的企业，集小吃、正餐、食品工业于一体，经营网点遍布天津市，辐射华北、东北，商品畅销全国大部分地区。其主营产品耳朵眼炸糕是天津久负盛誉的名牌小吃，与狗不理包子、十八街麻花并称为天津食品三绝。

匠心工艺

耳朵眼炸糕因其选料精细、工艺讲究、风味独特而成为脍炙人口的清真食品。百余年来，耳朵眼炸糕始终坚持真材实料，用心制作，采用优质糯米、红小豆、赤砂糖、白砂糖，并用香油加花生油炸制而成。成品为扁球形，金黄色，外皮酥脆，内皮软糯，馅心黑红，细腻香甜，别具风味。

天津市河西区环湖中道 8 号
天津市南开区鼓楼东街 12 号
天津市和平区湖北路 57 号

耳朵眼炸糕是天津标志性特产之一，先后荣获“中华名小吃”“中国名牌商品”“全国清真风味食品”“津门十大名小吃”“天津商业名品”“天津名牌产品”等荣誉称号，并入选天津市非物质文化遗产名录。耳朵眼品牌被评为“天津市著名商标”“中国商业服务名牌”。耳朵眼炸糕总店先后被评为“中华餐饮名店”“天津市餐饮名店”“市放心早点工程连锁企业示范店”。

历史传承

耳朵眼炸糕创始人刘万春（1874—1962年）在卖炸糕时，从质量、风味入手，提高自己的竞争力。他选用北河（今武清、霸州市一带）优质黍子磨成黄米面，选用天津优质红小豆、优质赤砂糖制馅；用山东章丘大槽油（生芝麻油）炸炸糕。也就是说，面、豆、糖、油四大原料是用当年市场最好的，故而很快名气大升，被人们称为“炸糕刘”。

1892年，刘万春与外甥张魁元合伙在天津北大关（今北门外大街）东侧买下一处8平方米的门脸房，开起了“刘记炸糕铺”，同时又改进了炒馅和面子发酵工艺，规范出不同季节的不同标准，从而创制了与普通炸糕不同的个大味好、外焦里嫩的风味特色。由于刘记炸糕铺紧靠一条不足一米宽的狭长胡同，叫耳朵眼胡同，人们便将刘记炸糕铺的炸糕谐称为“耳朵眼”炸糕。

炸糕铺附近的估衣街、针市街中的经营者以及远近的达官贵人，每逢生孩子、过生日、办喜寿事时，需要提前预约。因为除了奔那令人垂涎的味道之外，还借“糕”“高”同音图个吉利，祝愿将来步步登高。

日伪时期，刘记炸糕铺被迫加入商会，更名为“增盛成”炸糕铺，但“增盛成”在消费者中并未叫响，人们仍以“耳朵眼炸糕”称呼它。

1956年，公私合营，清产核资后刘万春及次子刘玉山加入合营企业，仍用“增盛成”字号。后“增盛成”转为国营，“耳朵眼炸糕”品牌也为国有。

公私合营后耳朵眼人一贯坚持传统制作方法，并与时

耳朵眼会馆五大道店

耳朵眼炸糕

俱进，在选料上坚持用优质货源，经过比较发现江米面比黄米面在口感、营养更胜一筹，便用江米替代黄米，彻底解决了黄米面成品有时发艮的难题。他们反复试验，技术攻关，解决了与黄米面截然不同的江米面发酵、炸制的一系列问题，创新出口感、风味全面超过黄米面炸糕的江米面炸糕，得到市场和广大消费者的一致认可。“吃炸糕，耳朵眼的最好。”不但在北大关，乃至在全天津市和外地人中都成为公论不胫而走，售货窗口前的长龙从天不亮就排起来，其中不乏远道而来的外地人。耳朵眼炸糕成了天津标志性特产之一。它还是中华人民共和国成立后天津市政府招待外宾和国家领导人的指定产品。

1978 年，天津市饮食公司顺应广大消费者和企业职工的强烈要求，将店名正式定名为“耳朵眼炸糕店”。1983 年，胡子昂老先生欣然命笔，题写了“耳朵眼炸糕店”匾额。1985 年，公司注册了“耳朵眼”商标。

为进一步扶植发展老字号，以利于其扩大发展规模，天津市红桥区饮食公司在原耳朵眼炸糕店基础上，于 1993 年组建耳朵眼炸糕公司。2002 年，经过区属国营企业转制改革，耳朵眼从区饮食公司中独立出来，正式组建了天津耳朵眼炸糕餐饮有限责任公司。

耳朵眼炸糕，是在市场竞争和生存的压力下，对传统炸糕进行改造、创新并经市场检验、消费者认可而成功的。没有高人一筹、争创一流的志气；没有货真价实、诚信经商的职业道德；没有对产品精心操作、不怕麻烦、肯下辛苦的劲头；没有对技艺博采众长、精益求精、大胆钻研的精神，耳朵眼炸糕也决不会在众多的炸糕中一枝独秀，脱颖而出。

仿耳朵眼胡同景观

耳朵眼炸糕铺

薪火相传

朱晓昊，耳朵眼炸糕的第五代传承人，凭借着浓浓的家乡情怀、心中对百年老字号的深沉的敬畏，以及拥有一颗要传承发扬老字号的决心，他郑重地接过历史的重担，庄严宣誓，要让这个百年品牌充分展示其蕴藏的独特魅力！

耳朵眼会馆包间

朱晓昊作为一位“90后”，对品牌的传承与发展有他自己的想法。朱晓昊以自己的知识与智慧为武器，对糯米进行大量的、深度的挖掘与探究。在继承传统工艺的基础上，他从原料的选择，到不同糯米的搭配比例，都精益求精。从洗米、泡米、磨米等环节，按照传统工艺及步骤，并以工业化设备进行操作。米浆发酵，是耳朵眼炸糕的核心工艺，这需要传承人对发酵程度与时间精准把握，因此他创建了独立的恒温恒湿厂房，用于米浆发酵，通过数字化、科技化的手段，对时间、温度、湿度等进行实时监测，直至糯米面产生浓郁的酵香。朱晓昊在秉承传统发酵原理基础上，

耳朵眼会馆水上公园店

摒弃了手工业化，实现了工业化、标准化生产，极大地提高了生产速度。

在对馅料的生产上，他精选优质红小豆，继承了传统的工艺，以工业化的生产技术完成从洗净、焖煮熟化、搅碎，到文火翻炒的一系列操作，并通过科学的测量，让耳朵眼炸糕的馅与面达到完美的结合，以保证品质的统一，这为耳朵眼品牌的发展奠定了坚实的基础。耳朵眼炸糕第五代传承人——朱晓昊，多年努力，终有成果。亭亭少年，不忘初心，未来可期！

耳朵眼会馆鼓楼店内景

展望未来

进入新时期以来，耳朵眼更取得了长足的发展，特别是在 2012 年，天津宝轩饮食集团以强烈的承载社会责任与复兴民族品牌的使命感和责任感成功并购了“耳朵眼”，并创造性地提出了打造“耳朵眼清真会馆和大众餐饮正餐体系、耳朵眼快餐连锁体系及耳朵眼速冻安全快消食品体系”三步走的品牌发展战略，进一步增强了企业的市场竞争力和发展后劲。

品牌战略的实施，彻底改变了传统手工作坊生产方式和品种单一的经营方式，品种实现了系列化、营销实现了网络化、生产实现了机械化，企业驶入了向规模化发展的快车道。“耳朵眼”百年老字号，未来会更好！■

招牌花胶牛肉茶

伊兰烤羊背

红烧牛尾

羊鲍鱼

耳朵眼炸糕铺

津品早点 良德良品

天津大福来餐饮管理有限公司

天津大福来餐饮管理有限公司是经营大福来锅巴菜和大福来品牌系列食品的专营企业，是集早点、小吃、快餐、正餐和食品生产加工业于一体的餐饮业老字号。

锅巴菜的故事

在天津老西头西大湾子，张兰和郭八两口子开了一家“张记煎饼铺”。相传，乾隆二十二年（1757 年），乾隆南巡路过天津三岔口时，正巧到了这个煎饼铺，想尝一尝这家的煎饼。刚吃一口，乾隆就惊喜不已，便大口朵颐起来，但吃得急，一不小心噎着了。随从赶紧找掌柜要碗汤，让乾隆顺一顺。郭八急中生智，把煎饼撕碎放碗里，淋上香油、盐和香菜，拿开水冲了一碗汤。乾隆一吃，便觉这滋味很

天津市河西区环湖中路 12 号
天津市河西区永安道 193 号
天津市红桥区光荣道 70 号
天津市红桥区西青道 122 号
天津市红桥区大胡同商业街 32 号
天津市西青区赛达路 81 号

是美妙，就问这汤叫什么名字。郭八以为是问她的名字，就回了句：“郭八。”乾隆说：“锅巴合理，锅上的嘎巴嘛，但是这不能算汤，干脆加个菜字，就叫‘锅巴菜’得了。”第二天，乾隆派人送来赏银，官差喊了句：“你的大福来了！”从此，张兰和郭八就用“大福来”代替了“张记”字号。“大福来锅巴菜”就此定名。

老店老味　历史悠久

作为天津历史最悠久的老字号品牌之一，大福来锅巴菜创制于 1757 年，创始人张兰。清光绪年间，大福来第二代传人张起发以大小卤、香菜根炝锅和卤香干片三项工艺为基础，使得大福来锅巴菜工艺基本定型，世代相传。

“大福来”字号最早的工商登记信息可追溯至 1924 年。中华人民共和国成立后，大福来第四代传人张凤祥以“大福来”为字号向工商局申请了早点铺的工商登记。

1956 年，大福来早点铺与天津市饮食公司实现公私合营，作为红桥区饮食公司的一个门店，仍沿用“大福来”字号。自此，大福来工艺传承方式由家族传承改为师徒传承。1980 年，天津市红桥区饮食公司大福来回民锅巴菜铺成立，虽分别于 1984 年、2000 年两次更名，但一直隶属于天津市红桥区饮食公司。

2003 年，天津市红桥区饮食公司改制，“大福来”的隶属关系转移至天津市金桥餐饮商贸总公司。2006 年，天津市金桥餐饮商贸总公司组建成立天津大福来餐饮商贸有限公司，并于 2012 年，更名为天津大福来餐饮管理有限公司。

津门早味里的百年大福来

大福来锅巴菜是天津独特的地方风味清真小吃，其选料严格、工艺精湛、素香美味、奇特诱人，可与天津三绝食品齐名，被广大食客誉为天津的第四绝食品。大福来锅巴菜的制作技艺被列入天津市非物质文化遗产名录，是天津市标志性特产，在津门锅巴菜市场首屈一指，享誉四方，深受广大消费者、各界宾朋，乃至外国友人的喜爱和美誉。1963 年，刘少奇同志品尝大福来锅巴菜后，赞不绝口，并给予了很高的评价。大福来锅巴菜先后荣获“中华名小吃”“中国金牌旅游小吃”“天津著名风味小吃”等荣誉称号；大福来品牌也先后被评为“中华老字号”“天津市场畅销品牌”等荣誉称号；公司更先后荣膺“中国地域十大名小吃代表品牌企业”“中华老字号传承创新先进单位”“中国食品安全诚信单位”等荣誉称号。

纯绿豆的锅巴菜

煎饼果子
寻味天津
津味同享
津

良人良心　良德良品

大福来的锅巴菜全国闻名，精选优质绿豆磨成面后做的锅巴，无任何添加，配上醇厚的汤，锅巴香嫩有劲，卤子透亮浓郁，一碗下肚满足得很。

大福来的锅巴以精选绿豆为原料，利用现代化科学的工艺和设备摊制而成，再切割成柳叶细片，这样做出的锅巴薄厚均匀、软硬适中、韧度适宜、绿豆香味浓郁；再配以历经 300 年传承的秘制卤汁，淋上小料，香气四溢，这才调和成一碗“中国锅巴菜的唯一代表——大福来锅巴菜”。金黄酥脆的油条也很受欢迎，无矾无添加，每根油条都超大个，每天为了能吃上这口油条，在大福来排队的人也不在少数。

大福来以地方小吃能“拎着走、端着吃”的休闲产品为主，还有丰富多样的地方特色美食及伴手礼，例如“纯绿豆锅巴菜”和“煎饼果子”等。只因现做的才好吃，大福来为老人、学生、上班族提供全时段服务的社区餐饮，将传统与现代、线上与线下、老字号与年轻消费者做深度交融，随时随地满足用餐需求，成为津城百姓身边暖心又暖胃的守护。

传承为基 追求卓越

2019 年 7 月，大福来正式被天津宝轩饮食集团收购，以期打造更亲民、更时尚的面貌。为满足“民以食为天”的百姓诉求，公司在注重对传统清真食品的市场保持及拓展基础上，不断研发食品生产工艺，创新运营模式。

大福来是一群有温度的餐饮人，倡导“以人为本”，一直秉承着“让顾客放心是第一位”的理念，时刻把顾客放在心上。“走得再远，保障品质”始终是宝轩人不能忘记的初衷。在大福来，人们不仅仅是用餐，它更是一种享受，是对生活的热爱！

用心蒸好米饭
甄选东北五常大米
粒粒饱满
优质五常大米是怎么炼成的
独特的地理条件
独特的水源条件
稻生于水，米融于水。稻米是有生命的。水，就是这生命的灵魂和品格。天赐的龙凤山水系富矿性水源，天然泉水灌溉。
独特的气候条件
五常市山清水秀，空气清新，尤其是水稻灌浆成熟的8月和9月，风和日丽，光照充足，白天热，晚上凉，昼夜温差大，使水稻的成熟期相当集中，五常水稻中干物质积累多，大米营养丰富、口味独特。
蒸蒸日上
给生活来点甜
蒸食区
甜品区

国民食堂 社区厨房

豆沙圈
面点大师手工制作
津味étudiants

飞鸽展翅 事业腾飞

天津市飞鸽集团有限公司

天津市飞鸽集团有限公司是“飞鸽”商标持有人，2006 年被中华人民共和国商务部认定为第一批“中华老字号”企业，2009 年被天津市商务委、天津市商务联合会认定为“津门老字号”。

历史沿革

1936 年，昌和工厂建立，主要生产自行车，品牌是“铁锚”。天津解放后，天津市军事管制委员会工业接管处接管了昌和工厂，暂定名为军管天津机器厂第二分厂，并拨付 13 万斤小米作为生产经费，工厂全面复工。

中华人民共和国成立后，它正式被命名为天津自行车厂，然后，全厂开展了“造新中国一代坚固、耐用、美观、

天津市和平区滨江道 78 号

轻快的自行车”活动。霍宝庭、李宝善、刘玉林、高富林、唐稚元等 20 多名工人自愿组成了试制组，并于同年 7 月 5 日，造出了 10 辆样品车。时值世界和平运动，为了表达对世界和平的向往和热爱，也为了凸显它结实、轻快、漂亮的特点，车子被命名为飞鸽牌，从此中华人民共和国第一辆全部国产化的自行车诞生了。

从 20 世纪 50 年代到 70 年代，党和国家领导人相继来到天津自行车厂视察。直到 20 世纪 80 年代，天津自行车产业始终保持着高速发展的势头，累计为国家创造利税 60 多亿，年产量达到 600 万辆，成为天津市支柱产业之一。

1989 年 2 月 25 日下午，在北京钓鱼台国宾馆，两辆“飞鸽”自行车被作为“国礼”送给来访的美国总统布什和夫人。世界各大媒体分别用十几种文字对此进行了报道。

但随着改革开放的持续深入、市场经济的转轨，“飞鸽”经历了一场浴火重生的严峻考验，特别是民营企业的大量涌入和激烈的市场竞争。1999 年集团所属 18 户企业中仅有 1 户企业正常生产。飞鸽集团，这艘曾在计划经济时期乘风破浪的航船，在社会经济转轨的瞬间“搁浅”了。面对困境，集团领导班子痛定思痛，决定“砍树留根保品牌”，提出了“重塑企业机制，化解经营风险，恢复发展品牌，形成经济规模，运用政策减负，确保行业稳定”的总体思路。以“飞鸽”品牌为龙头，整合相关企业，实现低成本扩张、高起点发展，推进机制创新。到 2005 年，全集团已分立出 119 个实体，并重点投资入股组建了飞鸽自行车有限公司、飞鸽电动自行车制造有限公司、飞鸽电动三轮车制造有限公司及与之配套的飞鸽自行车零件生产企业。200 多个款式的飞鸽自行车产品遍布全国，近 300 个总经销和专卖店纷纷崛起，出口量逐年增加，先后销往 50 多个国家和地区。

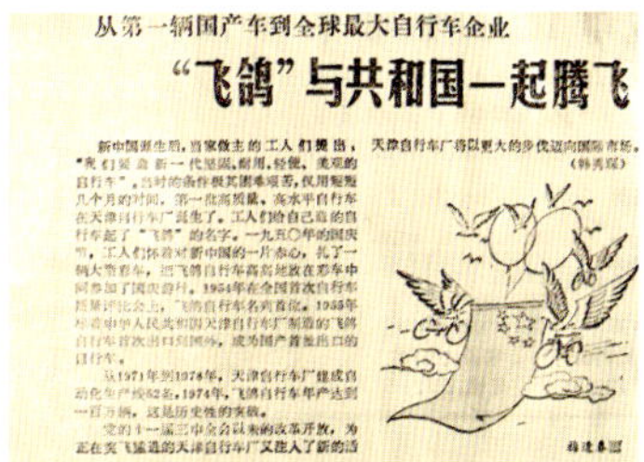
从第一辆国产车到全球最大自行车企业

“飞鸽”与共和国一起腾飞

新中国诞生后，当家做主的工人们提出，“我们要造新一代坚固、耐用、轻便、美观的自行车”。当时的条件极其困难艰苦，仅用短短几个月的时间，第一批高质量、高水平自行车在天津自行车厂诞生了。工人们给自己造的自行车起了“飞鸽”的名字。一九五〇年的国庆节，工人们怀着对新中国的一片赤心，扎了一辆大型彩车，把飞鸽自行车高高地放在彩车中间参加了国庆游行。1954年在全国首次自行车质量评比会上，飞鸽自行车名列首位。1955年标着中华人民共和国天津自行车厂制造的飞鸽自行车首次出口到国外，成为国产首批出口的自行车。

从1971年到1974年，天津自行车厂建成自动化生产线52条，1974年，飞鸽自行车年产达到一百万辆，这是历史性的突破。

党的十一届三中全会以来的改革开放，为正在奋飞猛进的天津自行车厂又注入了新的活……天津自行车厂将以更大的步伐迈向国际市场。（韩秀琛）

第一辆国产自行车

本报记者 扎 西

很多人的生活中，都有关于自行车的记忆。汽车尚未普及的年代，自行车不仅是主要的交通工具，更是结婚“三大件”之一，承载着人们对美好生活的期待。1950年，新中国第一个自行车品牌——“飞鸽”诞生，揭开了中国自行车发展的篇章。

亲历者说

沙云澍：天津飞鸽自行车有限公司原总经理

1950年，国家划拨13万斤小米，折合成天津自行车厂恢复生产的启动资金。当年4月，20名工人组成研制团队，天津自行车厂筹备恢复生产。

“当时新中国刚成立，大家翻身做主人，心里都憋着一股劲儿。”“一个4亿人口的大国，连一辆像样的自行车都生产不出来，说不过去。”沙云澍说，当时要啥没啥，就连生产零部件的原材料都没有。“研制小组找来汽油桶，压平后做车架和车把。”

起初的自行车，工艺不达标，骑行很笨重，被戏称为“礼拜车”，只能放假时拿出来显摆用。

研制小组决定改进生产工艺，找来进口的兰陵自行车拆开研究，在自行车后轮的轴皮上发现了关键。新的车型提高轴皮加工精度，减小压力角，大大降低了阻力，使骑行轻快起来。

1950年7月，第一辆试制车研制成功，紧接着首批生产了10辆，这是新中国第一批全部国产化的自行车（图⑥，资料图片）。“这批车又轻又快，轮子转起来像飞。当时老百姓企盼和平，就叫‘飞鸽’吧。于是，飞鸽的品牌就诞生了。”沙云澍说。

知识链接

上世纪80年代中国成为世界自行车产销第一大国。上世纪90年代后，自行车的定位开始转型，逐步向着运动、健康、低碳、休闲等方向发展。

近年来，共享单车应运而生，为化解城市交通“最后一公里”难题提供了有效方案。2018年中国两轮脚踏自行车产量达4036万多辆。

参观贴士

河北霸州华夏民间收藏馆的西昆便是中国自行车博物馆，收藏了世界各地不同品牌的精品自行车300多辆，其中收藏了新中国第一辆自行车——飞鸽自行车。

收藏馆免费向公众开放。开放时间：周二至周日 9:00—16:30。

为进一步拓展市场，集团全力实施品牌发展战略。3 年间，“飞鸽”先后荣获“国家免检产品”“中国驰名商标”“中华老字号”和“最具市场竞争力品牌”等一系列殊荣。

FLYING PIGEON
飛鴿

2014 年，集团在天津市国企改革重组中，融入天津渤海轻工投资集团的新格局。2016 年 6 月 26 日，时任中共中央政治局常委、国务院总理李克强视察天津飞鸽自行车体验店时寄予厚望。并做出重要指示：一定要以时不我待的紧迫感加快转型，发扬勇于创新的企业家精神和追求精益求精的工匠精神，让老树不断发新芽，更加枝繁叶茂，打造中国传统企业的“百年老店”。

2022 年飞鸽自行车（含童车）销量占全国市场销售份额的 7%。飞鸽品牌在天津的授权整车加工厂已达 20 余家，拉动天津自行车及电动车工厂整车产能近 350 万辆，销售收入贡献近 12 亿元，带动就业近 1 万余人。

守正创新

作为诞生于津门的著名品牌，“飞鸽”创造了多项第一：

中国第一辆自行设计和制造的自行车；

中国第一个全部国产化品牌的自行车；

中国唯一作为国礼赠送美国总统老布什的自行车；

联合国唯一指定在中国采购的自行车产品；

全国第一批获得“中华老字号”称号；

全国第一批获得自行车行业“国家免检产品”殊荣；

行业内唯一国有企业，肩负行业振兴和国潮引领重任。

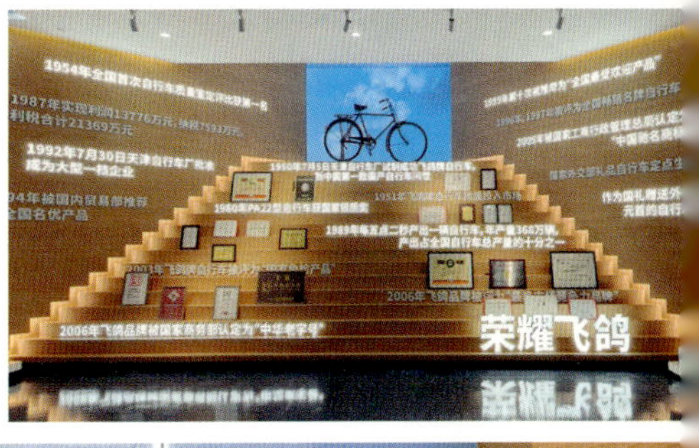

制管工艺
涂漆工艺

国礼飞鸽

奋进腾飞

漫步于今天的飞鸽品牌文化馆，仿佛与“飞鸽”一起经历了一场时光之旅。飞鸽品牌文化馆位于天津市梅江会展中心二期，展厅总面积 1150 平方米，共分为前厅、民族品牌、国礼飞鸽、时代记忆、守正创新、蓝色梦想 6 大板块，共展出经典飞鸽自行车 10 辆，国礼飞鸽自行车 24 辆，飞鸽头牌、商标、说明书、购车条等历史资料 50 余件，通过大量的实物、视频及图片资料展现飞鸽品牌浓厚的历史底蕴。走过 80 多年的奋斗历程，飞鸽人初心不改，用拼搏实干擦亮品牌，让“飞鸽”飞得更高更远！■

海鸥手表 精益求精

天津海鸥表业集团有限公司

天津海鸥表业集团有限公司是中国制表行业的开创者和领先者，始创于 1955 年。经过几十年的发展，公司已成长为一家集机心和成品表研发、生产、组装、销售于一体的企业集团。公司以自主创新能力建设为核心，不断提升企业竞争力，逐步实现由中国制造向中国创造的跨越。公司拥有雄厚的技术团队，重视人才队伍建设，其技术中心被国家发展改革委等五部委联合认定为“国家认定企业技术中心”，是国内手表行业首家国家级企业技术中心。此外，公司还是全国钟表技术标准委员会副主任委员单位，先后主持并参与起草国家标准、行业标准累计 29 项，为中国机械手表技术标准向国际化接轨方向发展做出了贡献。

天津市东丽区金桥街道自贸试验区（空港经济区）环河南路 199 号

屡创第一

天津海鸥表业集团有限公司的产品线包括自动机械表机心、钟、手表制造；精密模具、刀具设计、制造；精密机械加工、制造；精密仪器仪表制造与销售及咨询服务；与以上相关的机械设备的租赁业务。公司是国内大型精密机械手表机心制造基地，自 1955 年研制出中国第一只国产手表以来，中国第一只符合国际标准的女表、中国第一只出口手表、中国第一只获得国际金奖的手表均诞生在这里。公司的产品和品牌屡获殊荣，获得了“中国名牌”“中国驰名商标”和“中华老字号”的殊荣，在百强网上国内手表品牌排行榜里面受关注度颇高。

海鸥表自“中国第一只手表”起，先后创造了多个“中国第一只”。经过多年的研发积累，公司掌握了代表国际手表制造顶尖水平的陀飞轮、万年历、问表等超复杂机心的自主知识产权，并不断尝试新材料、新工艺、新技术，成功试制“无卡度陀飞轮表”“2.5 毫米薄型自动表”，实现硅材料零部件在高档机械手表机心中的应用。公司以自主知识产权作为企业的核心价值，依托国家级企业技术中心和国家级工业设计中心强大的设计、研发能力，专利申请总量位居国内行业首位。

同时，公司积极推动技术改革，完成多项工艺攻关与工程技术改造，在机心工艺改进、级进模技术革新、设备自动化改造等方面取得突破，以精益管理提升生产效能，实现业绩大幅增长。

22ZUAN
中 国
天津手表厂

海鸥精神

海鸥精神不仅源于“勇敢创造的心”，更是对所有勇于前行者的精神投射，也是每一代海鸥人继往开来的承担与勇气。为实现这一品牌战略，品牌借助代言人、IP跨界、体育营销等方式，整合优势资源、树立品牌形象。公司先后签订海鸥表首位品牌形象代言人——传奇运动员、中国女排领军人物、女排奥运冠军郎平，品牌挚友KPL实力战队重庆狼队、奥运冠军徐梦桃、姚晨、张韶涵、孙睿、数字人秦佑之等。

从中国第一只机械表诞生到见证新一代的民族浪潮，“海鸥表”在一代又一代的创造者手中变得更加旗帜鲜明、勇敢创新、突破自我，更以设计、制造为核心，参与生活品质的创造。公司浓缩提炼品牌的精神内核，将海鸥精神作为代表每一个时代中所有具备的自主创新理念、先锋创造精神，更是对所有勇于前行者的精神投射，也是每一代海鸥人继往开来的承担与勇气。

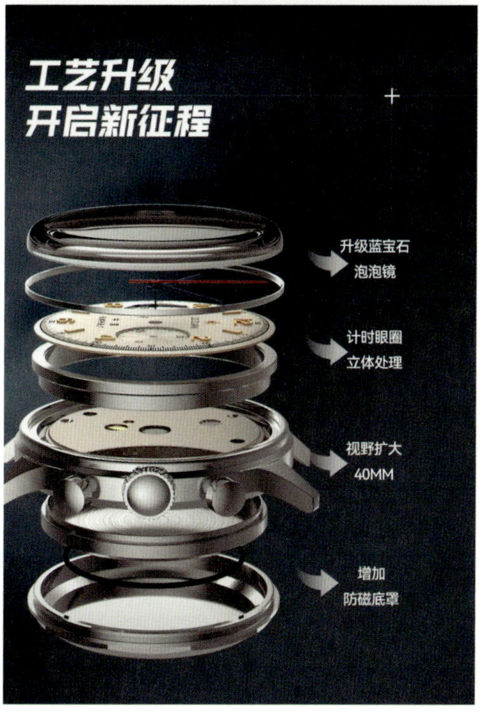

搏击长空

第一只航空码表“304”历经岁月洗礼，记录下不朽荣光，其搭载的导柱轮码表机心，至今依旧是高端产品的象征。2023 年，“1963”诞生 60 周年，海鸥表经典复刻，融合现代制表技艺与飞行先锋精神打造全新征途系列；1963 时代版工艺升级，开启新征程，更大盘面加倍瞩目，人造蓝宝石泡泡表镜，以战斗机驾驶舱舱盖为设计灵感的表镜外观，表底浮雕设计，源于原始设计稿件具有纪念意义。

22ZUAN
中国
天津手表厂

58°57'52"W
62°12'59"S
長城站
中國海鷗
200M / 660ft
ZHONG GUO ZHI ZAO
45
30
15

征服极地

1984 年，海鸥表赞助中国首支南极考察队，并为考察队特别定制了代号为 ST5B 的南极科考手表。海鸥表以极强的稳定性和耐寒性为科考队员们的探索之路保驾护航，提供了准确而可靠的时间信息。

2024 年，1984 年南极探险复古潜水表耀世而生，致敬中国南极探险 40 载。海鸥表还将续写新的传奇。

业精夺魁 永不褪色

鸵鸟 天津市鸵鸟墨水有限公司

天津市鸵鸟墨水有限公司是中华老字号、非遗项目传承单位、中国驰名商标、津门老字号，连续多年蝉联中国轻工业笔类制备行业十强企业；产品线覆盖书写墨水、手账彩墨、工业墨水、书画墨汁、文创礼品五大类及千余品种。品牌以“匠心传承，做好点点滴滴”为理念，致力于普及与推广中华优秀传统文化，讲好中国故事，助力中国色彩体系建设。

天津市南开区宜宾道 5 号

国货当自强

鸵鸟墨水最早起源于 1875 年开设的“诚文信”书局，抗日战争爆发后，日本将大量货品倾销中国市场。为反抗日本工业倾销，提振民族士气，中华儿女刻苦钻研国货，而作为传播发扬中华文化的墨水，肩负着重要的使命。1934 年，为避开伪满洲国对东北的经济管制，诚文信书局辽宁安东分局到天津筹建诚文信天津分店，并于 1935 年在锅店街开了诚文信德记文具店（鸵鸟墨水前身）。1945 年，启用“鸵鸟”商标生产墨水。

中华人民共和国成立后，“鸵鸟”以及其他的一些墨水、墨汁类企业合并成立了天津市墨水厂。1958 年，首家试制成功并投产了高级蓝黑墨水，各项质量指标均达到了美国派克墨水的国际先进水平，为国产墨水更新换代做出了贡献。此后，天津墨水厂积极组织技术力量于 1966 年完成鸵鸟牌书写用碳素墨水的试制任务并批量投产；20 世纪六七十年代研发了一批专用墨水产品，为国家节省了大量外汇；1979 年，率先发明了“书画墨汁”；1982 年，研发了“彩色笔墨水”；1994 年，研发了喷涂打印墨水；20 世纪 90 年代末，研发了“喷码墨水”和“打码墨水”。

创始人——郭尧庭

匠心有传承

刘宝珠，天津市鸵鸟墨水有限公司高级工程师，企业技术带头人，鸵鸟墨水传统制作技艺非遗传承人。刘宝珠于 1980 年参加工作，始终履职技术研发岗位。她带领科技人员，不畏艰难，攻破难关，推陈出新。在她的带领下，公司拥有实用新型专利 6 项，2 项发明专利，1 项外观专利，实现成果转化项目近 50 项，创造经济效益千万元。

她主持研发的各种新型笔具墨水，为专有用户和制笔企业所钟爱；主持研发的套系动漫绘画产品，成为天津市文化科技融创重点项目；主持研发的第四代彩色计算机喷涂打印墨水，成为天津市及国家的创新基金重点项目等。

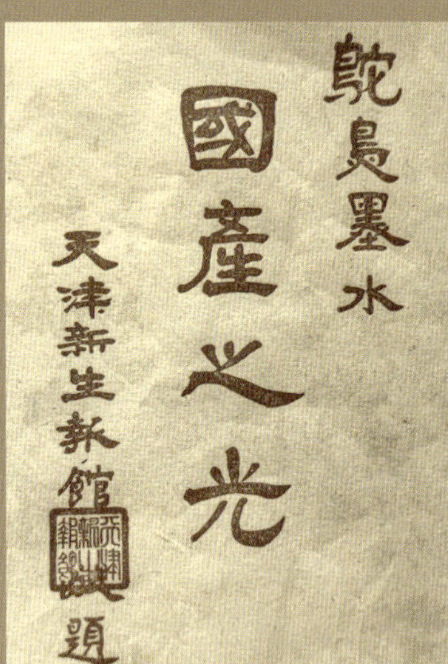

净含量：55ml
314
Tuoniao
天津市天津墨水厂
净含量：55ml
312
鸵鸟
墨水
Tuoniao
天津市天津墨水厂
高级纯蓝
净含量：55ml
313
鸵鸟
墨水
Tuoniao
天津市天津墨水厂
鸵鸟
书写用
碳素墨水
331
天津市天津墨水厂
鸵鸟
净含量：55ml
绿树阴浓夏日长

启航新征程

自 2017 年起，鸵鸟开启文创领域新尝试：与各大文化 IP（包括北京故宫博物院、国家图书馆、秦始皇帝陵博物院、天津博物馆等）联名合作，开发了一系列特色文创周边产品。2022 年，与《中国传统色》图书 IP 联名，致力于开发中国人自己的色谱体系，把中国传统色以墨水形式呈现。

鸵鸟墨水积极打造“线上 + 线下”立体营销模式，目前已开通阿里巴巴、淘宝、微店、京东店铺等多个线上平台。运用新型传播渠道，引入 KOL 矩阵，以“开箱”“测评”方式助力“种草”。以 Z 世代年轻用户对“国潮文化”的社交兴趣作为切入点，开启品牌的文创焕新之路。

2017 年起，公司尝试品牌出海，特别是“一带一路”沿线国家，与 30 余家企业合作，实现对欧美地区及俄罗斯、日本、越南等国家的出口。2020 年，公司加入《商标国际注册马德里协定》，目前已在 10 余个国家进行了品牌注册；2021 年成为联合国文具类指定供应商；2023 年当选东帝汶选举用品。

2019年，公司受邀前往北京参加“故宫过大年”活动。凭借自身墨水产品质量、研发实力及品牌影响力，鸵鸟产品在此次活动中崭露头角，深受中外消费者喜爱。公司积极参与深圳文博会、上海文化用品会等国内知名展会，推进入驻书店、生活馆新点位（北京大兴机场、新华书店、中信书店、天津天塔等），营造线下沉浸式体验新场景。2021年，鸵鸟墨水作为天津地区入选的3个老字号品牌之一参与《船说·大运河——神奇的老字号》纪录片拍摄，收获了来自媒体、粉丝的一众好评。

近几年，鸵鸟墨水凭借着雄厚的技术积累，不断加大研发投入，紧紧围绕墨水的应用场景和新时代人民对美好生活的向往以及国潮新品的浪潮，不断开发出内蕴中国传统文化的墨水产品。未来，鸵鸟墨水将继续深耕中国传统文化，布局未来，增品种，提品质，创品牌，树标杆。打造百年品牌，焕发出老字号新的生命力。■

中国传统色文创礼品——国色山河

中国传统色文创礼品——彩雅集

真材实料 呵护肌肤

郁美净 YUMEIJING 天津郁美净集团有限公司

总部坐落于“渤海明珠”天津市的郁美净，诞生于1958年，于1979年推出中国第一款儿童霜，填补我国儿童护肤市场空白，开启中国儿童护肤时代。

历史沿革

1958年，郁美净集团的前身——天津市瑞金塑料厂成立；1979年，更名为天津市第二日用化学厂，并逐步形成了南有“美加净”、北有“郁美净”的市场格局；1987年，兼并天津市搪瓷制品厂。2000年，郁美净集团公司成立。2018年3月，郁美净集团顺利完成了企业股份制改。2020年，郁美净研发中心与北京工商大学合作的院士专家工作站正式成立。2022年6月30日，天津医

天津市南开区红旗路188号

药集团成功受让郁美净集团控股权。2022 年 8 月，郁美净被列为天津市医药集团大健康版块核心企业。

1991 年，郁美净儿童霜荣获中国国家护肤产品的最高荣誉——国优银奖。1993 年，郁美净儿童霜荣获法国国际艺术与质量“金桂奖”。2002 年，“郁美净”被认定为“中国驰名商标”。2006 年，郁美净牌护肤霜（儿童类）获颁“中国名牌产品”荣誉称号。2023 年，郁美净获评“津门老字号”。

1997 年，郁美净年销售额突破 1 亿元。2012 年，“汉草香妍”和“郁婴坊”两个品牌成功占领新市场。实现了集团“郁美净”“郁婴坊”“汉草香妍”三大品牌同步发展的格局。2015 年 12 月，郁美净集团全年销售收入达到 10 亿元。

2016 年，郁美净集团开启“天地之间”销售战略，利用互联网 + 线上营销和全国直营店线下体验，打造全新销售网络；2020 年，与国内大型电商国际站合作，郁美净品牌走向海外；2020—2022 年，累计举办线上订货会议超 400 场。

初心不改

郁美净品牌创立之初，就坚定地选择了儿童霜这一赛道，致力为中国宝宝创立一款自己的儿童霜，填补我国儿童护肤市场空白。

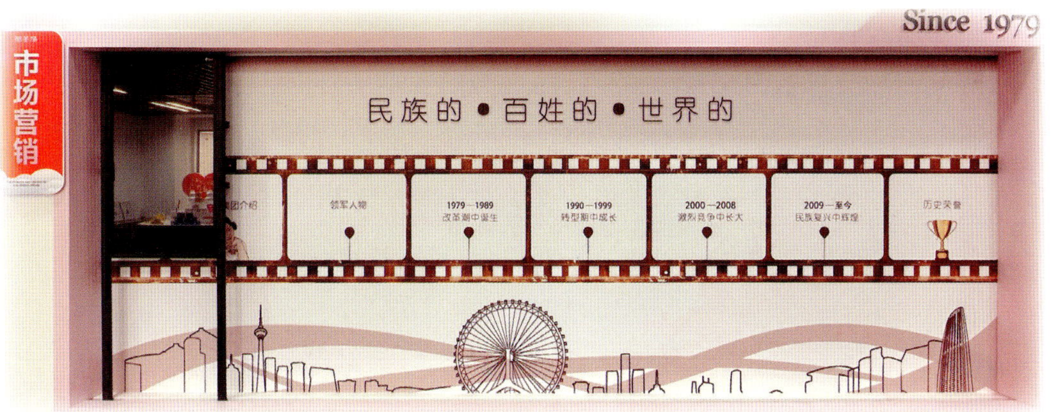

高保湿舒润霜
Ultra Moisturizing Soothing Cream
自研专利 敏感肌肤 保湿舒缓
郁美净
YUMEIJING
郁美净高级
儿童霜
Yumeijing Supreme Cream For Kids
润了
大声笑
四果精萃
亲亲我
Kiss me
多肉桃桃味
倍润舒缓护唇膏
Moisturizing & Soothing Lip Balm
净含量:5克
深层滋润
郁美净
YUMEIJING
郁美净
YUMEIJING
郁美净
YUMEIJING
儿童霜

作为中国第一款儿童霜缔造者，郁美净始终坚持“用科学和专业呵护中国宝宝肌肤健康”的品牌理念，并45年如一日坚守“真材实料”的产品底线，率先在天然护肤方面取得突破，首创将牛奶应用到护肤品中，至今保持着“当日鲜奶当日用”的优良生产传统。

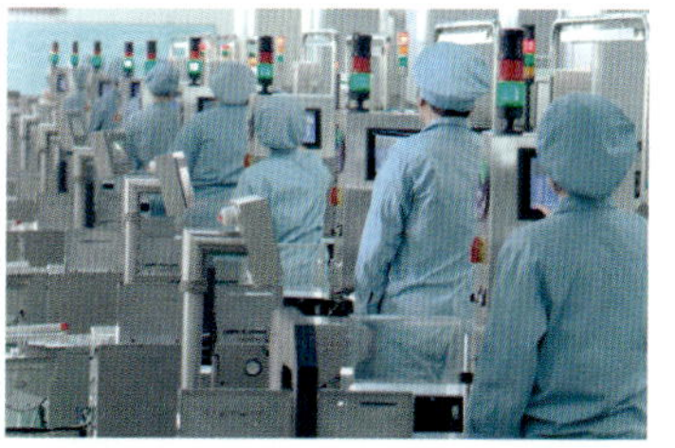

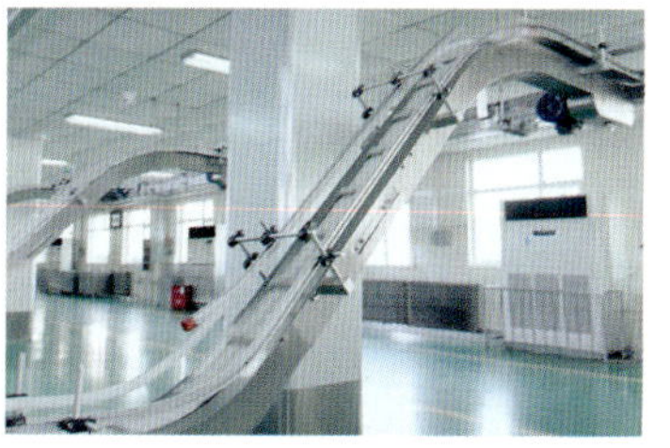

郁美净紧跟时代，联合国内外多所院校和专业机构开展深度产学研合作，同时建立市级企业技术中心、获批“天津市企业重点实验室”项目、联合北京工商大学组建儿童护肤品联合研究实验室，拥有“研发、设计、中试、检测”为一体的综合研究（培训）中心。现阶段，郁美净正在全面加大企业研发投入，针对不同地域0 ~ 3岁的宝宝开发全新系列产品，专注儿童皮肤屏障修护的全新科技新产品。

走过60多年岁月的郁美净已经深入人心，赢得众多妈妈的信赖。有爱、有品、有力量，郁美净始终用最好的产品，全心守护一代又一代宝宝健康成长。■

郁美净
匠心精品

2023

SANTN

刻意求真 崇尚完美

天津真美宏声电子科技有限公司

天津真美宏声电子科技有限公司的产品涵盖广播号筒扬声器系列、车载号筒扬声器系列、船舶号筒扬声器系列、报警广播号筒扬声器系列，产品广泛用于国家村村通工程、工矿企业、车站、码头、学校、公安和国防建设。

历史留声

1948 年 2 月，叶自侨先生创办了天津真美电机行，主要业务维修电机、电器和扬声器。随着国际、国内形势的变化，1952 年，真美电机行进口电声器材及零部件的渠道被完全阻断。迫不得已，叶先生将真美电机行改建为天津真美电机厂，主要是自行生产和销售多种扬声器，并正式采用真美牌商标。

天津市津南区辛庄创意产业园区津沽路818号

1956 年，经过公私合营改造，真美电机厂与天津市其他两家电器维修厂合并成为天津市公私合营真美电机厂，叶先生当时任工厂的资方经理。1959 年真美电机厂从原来的天津旧城区迁至陈塘庄工业区，同时扩大规模建成为天津市地方国营真美电声器材厂，隶属于天津市第二机械工业局（后称电子仪表工业局，现称中环电子信息集团）。

1965 年天津真美电声器材厂建成国内一流的电声学实验室，并在厂内成立了电声学研究所（后更名为设计所）。1966 年真美电声器材厂更名为天津市地方国营电声器材厂，真美牌商标改为红声牌，主要产品为广播用号筒扬声器（又称高音扬声器），其产品在国内市场占主导地位，同时出口到一些亚非拉国家，同时生产纸盆扬声器等。1985 年，主要产品恢复使用真美牌商标和真美电声器材厂原名。

1978 年天津市政府组织电子元器件厂与国外大公司洽谈合作，其中无线电元件九厂的电阻和天津真美电声器材厂的电视机专用扬声器以 ZM（ZENMAY）商标出口美国成功。为美国 GE 公司的电视机产品配套而首次进入美国市场。同年，天津真美电声器材厂聘请协力事业与天津夏普公司的专家来厂进行企业管理咨询和企业诊断，主要解决产品出口、质量管理和适应美国 GE 公司要求的产品标准问题，为真美公司进一步引进国内外先进管理经验和管理思想打下了坚实的基础。

1984—1986 年，国家重点投资和引进技术，加快发展电子行业。1984 年起，仪表局陆续贷款支持天津真美引进日本扬声器生产技术，如引进了一条半自动化纸盆扬声器装配生产线和纸盆捞型机、音圈绕线机等相关设备。至此，真美厂已经拥有完备的从开发设计到模具制造、冲压、纸盆生产和其他零部件生产组装的全套生产能力，设备与技术居行业国内先进水平。

1988 年天津真美电声器材厂改建为天津真美电声器材公司。1992 年，真美公司召开了具有历史意义的“卢庄子会议”，讨论改革发展的方案，打破大锅饭、铁饭碗；

大胆起用年轻干部；划小核算单位等，使企业改革迈出了坚实的一步。1998 年 12 月经天津市经委和天津电子仪表工业总公司的批准，真美公司本部正式改制为有限责任公司。

发展壮大

真美电声器材有限公司产品以号筒扬声器、电视扬声器、汽车扬声器、音箱为主。公司与日本富士通天公司合资合作借鉴交流，汽车音响产品技术、管理水平。公司先后积极开发国际及国内知名客户，产品销往飞利浦、东芝、汤姆逊、马斯康、三星、雅玛哈等国际跨国公司以及海尔、冠捷、TCL 等国内知名企业。

公司在整个电子行业协会中的地位逐年提升，连续十几年位居电子元件行业协会百强企业的前列，2005 年综合排名第 23 位。2003—2005 年，公司连续获得天津市名牌产品称号，并被国际客户飞利浦誉为“绿色供应商”。公司秉承“刻意求真，崇尚完美”的企业精神，为整个电子行业的发展已经做出了不小的成绩与贡献，并于 2006 年荣获国家商务委首批“中华老字号”荣誉称号。

改组重生

由于市场竞争日趋激烈，公司经营困难，但公司曾经的子公司天津市宏声金属器件厂接手了天津中环真美的部分经营业务并改组成立了天津真美宏声电子科技有限公司，继续把原真美公司的业务经营继续下去，并且于 2023 年 4 月正式获得了作为中华老字号的真美牌商标。

希望在真美老字号品牌的支撑下，公司的经营越来越好，同时也将“真美”品牌发扬光大。■

质量为重 顾客至上

天津市陈林洗染公司

天津市陈林洗染公司始创于 1933 年，是天津市唯一的居民服务类中华老字号、津门老字号企业。主营业务为洗衣服务，公司拥有“陈林”“老陈林”等两个品牌四个品类的注册商标。

诞生之初

20 世纪 20 年代，陈林的创始人陈靖宇、林宝昌二位先生早年毕业于国内名牌大学——东吴大学，所学专业均为化工专业，先后就职于天津市东亚毛纺厂，担任工程师。陈靖宇曾留学美国哥伦比亚大学化工专业。留美期间目睹国外先进的洗衣服务，对比当时天津原始落后的洗衣现状，两人决定要在天津开创并建立现代化的洗衣店，经过多方

天津市和平区沙市道世升花园 3 号

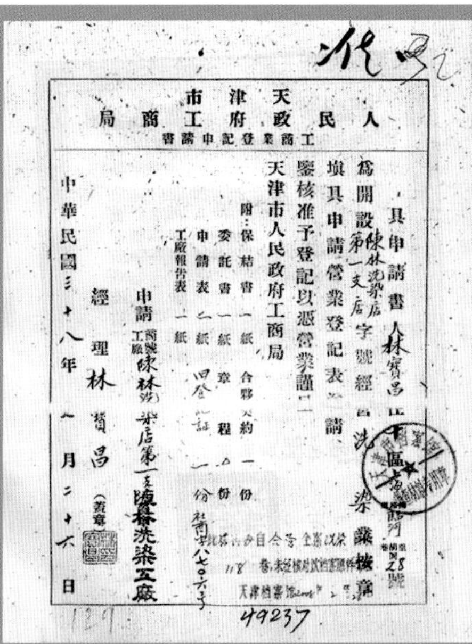

天津市人民政府工商局
工商業登記申請書

具申請書人林賓昌
為開設陳林洗染店第一支店字號經營洗染業務
填具申請營業登記表二份請
鑒核准予登記以憑營業謹呈
天津市人民政府工商局

附：保結書一紙　合夥契約一份
委託書一紙　章程一份
申請表二紙
工廠報告表一紙

申請商號工廠陳林洗染店第一支店
經理林賓昌

中華民國三十八年　月二十六日

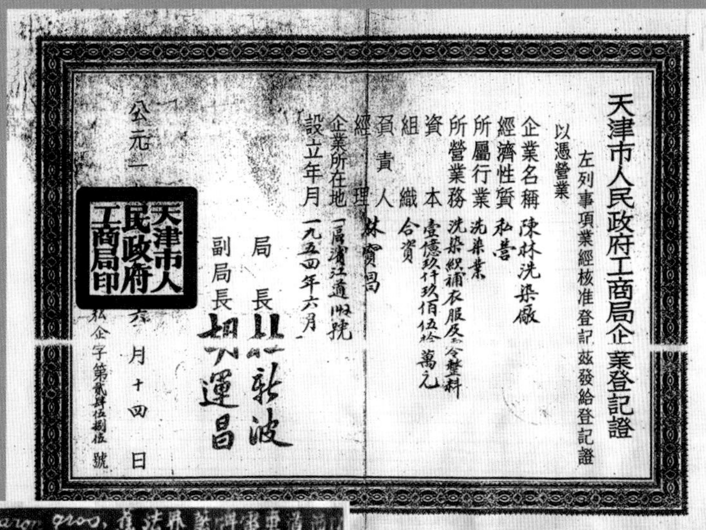

天津市人民政府工商局企業登記證

左列事項業經核准登記茲發給登記證以憑營業

企業名稱　陳林洗染廠
經濟性質　私營
所屬行業　洗染業
所營業務　洗染織補衣服及零整料
資本　壹億玖仟玖佰伍拾萬元
組織　合資
負責人　經理　林賓昌
企業所在地
設立年月　一九五四年六月

局長
副局長

天津市人民政府工商局印

公元一九五[illegible]年　月十四日

私企字第[illegible]號

陈林洗染

考察筹划，1933 年以二人姓氏为企业的“陈林洗染店”在天津诞生了，地址坐落在现在的和平区滨江道，经过一年的实际运行后，从英国购买了最先进的石油干洗机，该机器也是亚洲第一台真正的干洗机。陈林洗染一支店坐落在现在的和平区西安道，二支店坐落在南开区东马路。为了把企业建成现代化高水平的洗衣店，先进的设备是企业现代化的首选，陈林创建后又购置了日本生产的水洗机、德国生产的脱水机。尤其值得一提的是针对高档西装的洗涤，陈林从英国购置了当时亚洲第一台汽油溶剂干洗机，先进的设备提高了生产数量，保证了洗涤质量，减轻了劳动强度，并彻底改变了天津洗衣市场洗衣落后的原始生产模式。有了先进的设备，还必须辅之先进的技术和规范的质量体系管理，陈林创建初期就深知质量是企业生存的根本，没有质量就没有市场，质量提高的关键是技术水平的不断提高和管理的规范标准。

在陈林 90 多年的历史中，以先进的设备、精湛的技术、不变的匠心、上乘的质量和优质的服务，形成了自己的企业文化。著名的京剧名家梅兰芳先生曾经是陈林的忠实客户，他登台的戏服都是派专人来陈林进行洗涤。

今日陈林

2007 年 6 月，共同拥有“陈林”血脉的天津市和平区的陈林洗染公司与南开区的老陈林洗染公司正式合并，结束了近 20 年曾闻名全国的老字号企业的品牌之争，为我国老字号企业发展树立了共赢发展的典范。

现今的陈林洗染公司在顺应新时代高质量发展中，努力奋进，结合国家对企业高质量发展及现代化服务业的时代要求，公司秉持“坚守匠心，诚信专业，顾客至上，便捷服务”的经营理念，互联网时代，更新经营理念，建设实体店与网店的线上线下有效结合，对内确立以质量为核心的生产服务体系，经营中秉持顾客至上的理念，利用线上快捷高效，物流的便利为客户提供高质量的便捷服务。公司成立顾客体验中心、会员服务中心以及专业的奢侈品养护中心（成立匠人工作室）和衣柜库中心项目（解决客户的衣物储存问题）。天津陈林洗染公司在这伟大的新时代，努力奋进为高质量发展，做出中华老字号企业应有的贡献。■

中西合璧 深耕细作

天津起士林大饭店有限公司

寻着历史的足迹，漫步在起士林的百年文化长廊中。“起士林”，伴随了近代中国沧桑巨变的西餐厅，是中国第一家西餐厅，是天津人的情怀，是老一辈天津人津津乐道的传奇篇章，也是天津独特的中西文化合璧的代表作之一。

老租界里的西餐厅

起士林西餐厅始建于 1901 年，由德国人阿尔伯特·起士林以自己的名字创办。它最初设在法租界中街，今解放北路与哈尔滨道交口附近，不久即迁至德租界中街，被称为“起士林餐厅”。它的创办，第一次将西方正宗的饮食文化带入天津，并且持续经营至今，堪称“中国西餐第一店”。

20 世纪 30 年代，起士林生意兴隆，餐厅发展成为五

天津市和平区小白楼街浙江路 33 号

间大门脸儿，附设舞厅和露天餐厅。天津沦陷后，起士林的生意一落千丈。

1949年后，起士林由市人民政府接管，由交际处经营，在此招待过海内外很多著名人士。“两航起义”时，其中的11架飞机降落天津。天津市人民政府就是在起士林设宴欢迎起义人员及家属一行的。

起士林大板巧克力

1953年，起士林餐饮部分合并到当时的维格多利餐厅。维格多利餐厅以经营俄式西餐大菜为主，同时兼做英、法、德、意式名菜和西点。起士林与维格多利合并后，改名为起士林餐厅，而两店的食品制作部分则单独设立了起士林食品厂，专门从事西点、糖果、巧克力等生产。

起士林手工巧克力

后来，餐厅先后更名为“天津餐厅”“工农兵餐厅”等，但在1970年，国务院办公厅同意恢复“起士林餐厅”这个老字号。

20世纪90年代初，起士林被正式称为“起士林大饭店”。天津起士林总店，已经成为德、俄、英、法、意口味均有的西餐餐厅。在广大消费者心目中，起士林已成为与西餐、西点同义的代名词，成为一处让“老年人怀旧，青年人时尚”的经典消费场所。

餐厅内景

黄油饼

一号山德

赤顿

老字号的新生机

2019 年 12 月，天津宝轩饮食集团控股起士林后，集团做了重大战略布局。保护、传承起士林饭店中被列为市非物质文化遗产的俄式罐焖牛肉、俄式列巴，让经典美食得以传播。拥有高品质、高标准的出品足以对标星级餐厅的法餐、俄餐、德餐。大力发展西饼屋，在继承各种经典产品——马蹄酥、列巴、黄油饼干等西式点心的基础上，不断推陈出新，让老字号焕发青春。同时，集团将逐渐恢复研发生产起士林冰棍、糖果，建起了啤酒屋等。

锚定现在规划未来

为响应天津市和平区打造“百年商脉传承地、国际潮流引领地、消费创新体验地、游购津城首选地”的总体目标，起士林立足“小白楼”，以起士林大饭店现址建筑群落为载体，将起士林西餐（含食品）等所有产品与市场对接、向市场展示，树市场品牌。

天津“小白楼”，地域不算大，但名声享誉全国，连外地人也知道天津有个小白楼、小白楼有个“起士林”，甚至一些国外友人来了也要到“起士林”一寻昔日梦境。起士林将借势而上，充分利用好历史风貌资源，深耕细作，创新品牌发展。在小白楼起士林一层经营西饼屋的基础上，重新打造起士林品牌全系产品的综合展卖空间及进口商品的展列销售。二楼原经营维格多利俄餐，三层是原巴德西餐厅，将延续俄餐经典，打造成为天津老百姓以及外地游客“来津必到、到后必点”的西餐享用打卡之地。四层原巴黎法式西餐厅，今后将继续以法餐为主，重拾起士林昔日荣光，奔赴新途，续写华章。

漫步在五大道文化旅游区，穿行在故居遍布的街道中，与各式“洋楼”擦身而过，再在起士林享用一份西餐，调动视觉、听觉、嗅觉去感受老店不变的老味道，或许会了解起士林老字号坚守的心意。■

罐焖牛肉

自力更生 仁心良药

天津力生制药股份有限公司
TIANJIN LISHENG PHARMACEUTICAL CO.,LTD.

天津力生制药股份有限公司成立于 1951 年，是泰达控股所属医药健康领域领军企业。公司连续多年入选化学制药百强企业，是国家高新技术企业、国家企业技术中心、国家级绿色工厂，入选国务院国资委“科改示范企业”，旗下“三鱼”品牌入选第三批中华老字号。公司产品共 285 个药品批准文号，涉及中西药片剂、胶囊剂、口服液、颗粒剂及生物制剂和原料药等。拥有多个“中国驰名商标”“天津市著名商标”。营销网络覆盖全国，部分产品远销世界各地。

天津市西青经济开发区赛达北一道 16 号

历史沿革

1951 年，邵炳符、杨蕙芝夫妇创办惠符制药厂，厂址位于天津市十区北平道 145 号，为天津力生制药厂的前身。1956 年，以惠符制药厂为主的 20 余家私营药厂和 3 家卫生材料厂、小工业社等进行了公私合营，更名为天津市公私合营惠符制药厂。

1964 年，迁入南开区黄河道厂址，更名为：天津公私合营力生制药厂，取“自力更生”之义。1966 年，天津市人民制药厂正痛片车间并入天津市力生制药厂，12 月，“三鱼”牌正痛片正式投入生产。

1973 年，在“工业学大庆”运动中，力生制药厂大搞“双革”，自主研制了全国第一台滴丸机。

1981 年，自主研制“力”字牌“盖胃平”口嚼片，填补了国内使用海藻酸用药的空白。1983 年，公司成立塑料瓶车间，成为全国第一家从国外引进药用塑料瓶生产线的企业。1988 年，获得了全国首个仿制药吲达帕胺片的批准文号。1991 年，“男宝”走出国门，正式在日本市场销售。1993 年，公司与日本田边制药株式会社合资成立“天津田边制药有限公司”。

2001 年，完成股份制改革，以发起方式设立的“天津力生制药股份有限公司”于 8 月 8 日正式成立。2005 年，“品川”硫酸沙丁胺醇缓释片获得新药证书和生产批准文号，填补了国内激光打孔技术空白。2008 年，公司被认定为国家高新技术企业。2010 年，公司在深交所上市交易。

2016 年 1 月，西青新厂区通过新版 GMP 认证；4 月 18 日，公司全线完成搬迁。2020 年，公司被认定为“国家级绿色工厂”。2021 年，加入泰达控股体系。2022 年，入选国务院国资委“科改示范企业”。2023 年，通过国家企业技术中心、天津市科普基地认定。2024 年，“三鱼”品牌入选中华老字号。

20 世纪 30 年代，河北安国人许泽普在天津市针市街创办了伟迪氏制药厂，开创了天津民族资本兴办西药工厂的先河。他利用在外国厂医那里学到的复方阿司匹林片和其他药物配方，结合自己的医药功底，针对中外人种不同体质，对原配方成分比重和制作工艺进行改进，试制出一

1956 年

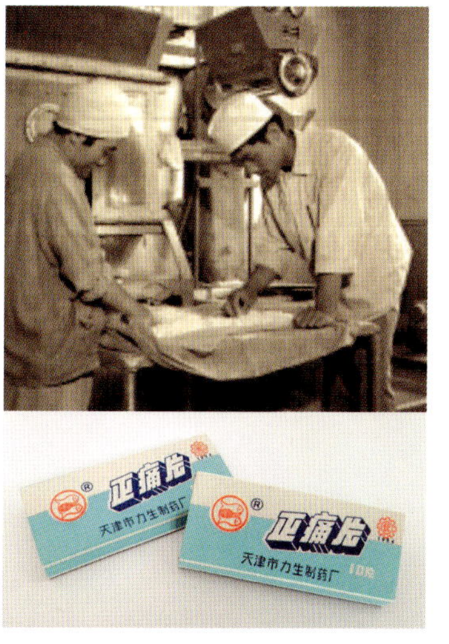

1966 年“三鱼”牌正痛片投产

2001 年成立天津力生制药股份有限公司

2010 年公司在深交所上市交易

款新型解热镇痛药——正痛丸。当时的市场，同类国药尚属空白，许泽普果断决定以“三鱼”为商标，批量生产正痛丸。

1940 年，许泽普派儿子许钊赴重庆领取了西药成药执照，使“三鱼”牌正痛丸获得在全国产销的许可批准。迅速打开市场的同时，底气十足的许氏父子又投入资金购进设备、改进工艺，将一直沿用的丸剂改为片剂，包装也改成便于携带且卫生考究的条形小包装，全国代理店达到 2000 多家。

当新剂型的“三鱼”牌正痛片以崭新面貌出现在天津各家药店时，标志着曾被西药房拒绝的历史一去不返，取而代之的是“三鱼”牌正痛片一步步成为市民家中的常备药。中华人民共和国成立后，天津市政府考虑到伟迪氏制药厂在行业中的地位、作用和影响，将其定为天津市首批公私合营企业。

1954 年 7 月 1 日，伟迪氏制药厂正式实现公私合营，更名“天津市人民制药厂”。1966 年 11 月 7 日，人民制药厂的一个片剂车间并入当时公私合营的力生制药厂，至此“三鱼”与“力生”正式结缘。

“三鱼”正痛片于 1980 年被评为天津市优质产品，于 1981 年被评为国家医药总局级优质产品。按照国家药监局发布的《国家药品监督管理局关于做好统一换发化学药品地标升国标品种药品批准文号工作的通知》要求，2003 年 1 月正痛片更名为氨酚咖匹林片。“三鱼”品牌于 2009 年被认定为天津市著名商标，于 2024 年入选第三批中华老字号。“三鱼”牌氨酚咖匹林片，被老百姓亲切地称为“小鱼”“退烧锦鲤”。

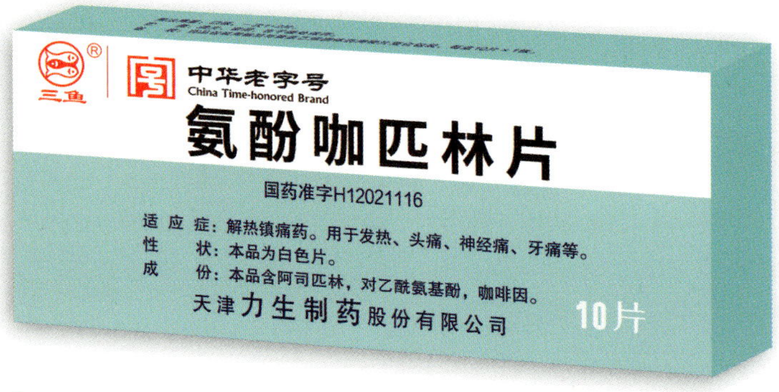

2022 年，面对“大考”，“三鱼”牌正痛片以价格的亲民——公司建议价格为 3 元，被老百姓亲切地称为“良心药”。在保供天津的前提下，力生人以超常速度供应了天

津市对口支援地区青海省黄南州 100 万片三鱼“正痛片”，解决了青海省各族群众的燃眉之急，为天津市和泰达控股赢得了声誉，被称为小鱼有“良心”。

2023 年，公司完成“三鱼”生产线智能化改造升级。让老百姓们所熟悉的“退烧锦鲤”在这条生产线上焕发出新的生机。“三鱼”改变了过去几十年来的包装规格和手工装盒的操作，整个生产流程一气呵成、井然有序。以机械连线生产替代手工操作，生产速度从原先的 240 万片 / 天提升至 480 万片 / 天，人工使用由原来的全线近 50 人减少至全线 11 人，大幅度缩减了产品生产周期和人力成本，体现出小鱼有“匠心”。

2024 年，公司充分利用中华老字号给产品、品牌赋能，擦亮“三鱼”品牌，讲好新时代的“老字号”故事，将“三鱼”商标拓展到更多品种，70 余个力生制药产品商标替换为“三鱼”商标，统一了产品标识，提高了产品辨识度，提升了品牌影响力，增强了品牌黏性。同时，公司还积极推动“三鱼”商标申请驰名商标，进一步加宽“三鱼”商标的“护城河”。搭建新零售营销体系，打造力生品牌实体旗舰店，成立“天津三鱼大药房医药有限公司”，开拓线上线下相融合的药品零售市场。让更多人享受“老字号”优质产品和服务带来的红利，实现了小鱼有“创新”。

攻坚克难

姜根华劳模创新工作室由“天津市劳动模范”获得者、力生制药研究院副总工程师姜根华领衔，由霍志甲、申晨等 9 名药品研发技术人员组成。截至目前，“劳模创新工作室”共申请发明专利 18 项，获发明专利授权 11 项。

工作室主持和参与了多项创新项目，致力于科研成果及时转化，为公司的研发实现了“0”的突破。以质量为导向，聚焦工艺技术攻关。工作室应用新工艺新技术对公司现有原料药从安全、质量、成本进行了工艺改进，完成了伊曲康唑原料药三项新工艺、吲达帕胺和奥沙拉嗪原料药各两项工艺改进、富马酸福莫特罗原料药工艺改进等，工艺创

姜根华

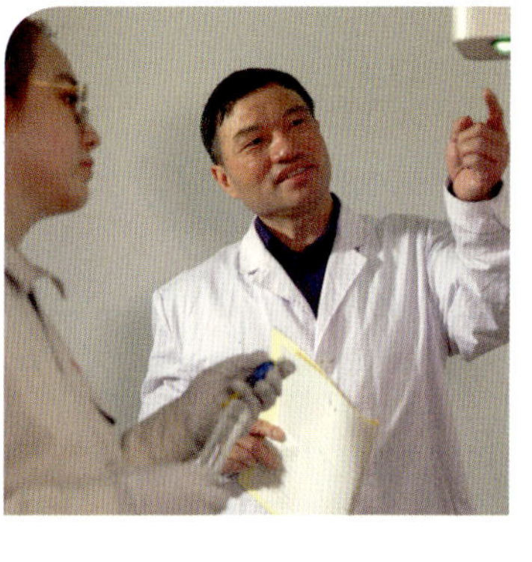

新提高了产品的收率、质量、安全和经济效益。以核心竞争力为导向，聚焦“卡脖子难题”。原料药是生产各类制剂的原始物料，是保障药品供应、满足人民用药需求的基础。为破解原料药价格奇高、个别生产厂家垄断等“卡脖子”问题，工作室化被动为主动，劳模领跑、分工协作、团结互助、加班加点、攻坚克难，着力开发具有技术和行业壁垒的原料药，扩大“原料 + 制剂”一体化优势。《一种盐酸苯海索合成的方法》《一种 γ 晶型的精氨酸培哚普利盐的制备方法》两项原料药合成工艺发明专利获得国家知识产权局授权，标志着力生制药盐酸苯海索及精氨酸培哚普利原料药均拥有了自主知识产权。以市场为导向，聚焦产品迭代。为更好地满足了临床用药需求，为广大患者提供了更多更优的用药选择，工作室瞄准国际国内领先水平进行产品研发，重点考虑安全、质量、成本和绿色产业化要素。在研发过程中，对每个产品、每步工艺都要集中讨论研究，凝聚智慧，积极探索“是最安全的吗？是成本最低的吗？操作还能再简便些吗？”三个问题的解决方案，用实际行动诠释了“让更多人更健康”的企业使命。

创新引领

药物制剂技术工匠人才创新工作室是天津市缓控释及固体分散体药物制剂重点实验室。工作室由力生制药研究院研发总监周世旺领衔，由董艳玲、胡晓杰等 15 名药品研发技术人员组成。

工作室以创新为引领，坚持求真务实，让创新“活”起来。技术创新：搭建创新平台。工作室不断在制剂工艺上着手创新，致力于为公司打造“缓控释技术平台”。工作室在拳头产品“寿比山”牌吲达帕胺片（薄膜衣）基础上开展创新，使缓释剂量包含在基质中，以基质作为活性成分的支持物，使药物缓慢释放出来，打响了“缓控释技术平台”的第一炮。甲磺酸多沙唑嗪缓释片采用膜控缓释技术，是公司第一个获得的采用激光打孔技术制备的双室渗透泵缓控释新产品。产品创新：提高技术水平。“复方降压产品”是工作室特色工艺产品。缬沙坦氨氯地平片、培哚普利吲达帕胺片陆续获批上市，成为公司降压药产品新成员，不断推动公司产品更新迭代。2016 年以来，工作室集中资源攻克仿制药一致性评价项目的技术壁垒，产品获评数量占天津市口服制剂通过一致性评价总量的 50%，位居天津市首位。合作创新：推进 MAH 合作。工作室积极响应国家政策要求，开启新的研发合作模式，积极与医药研发领域的前沿企业开展项目合作，吸纳了多品种新型制剂工艺技术，例如：挤出滚圆工艺制备微丸技术、无水吞服颗粒技术等。工作室在吸纳“高、精、尖”项目的过程中，以学为由，以用为终，以达成服务生产经营为目标，不断提升自身技术水平。

传承发展

力生制药以“盘活存量、培育增量、提升质量”为总体工作思路，以“创新战略”驱动企业高质量发展，实现企业主责主业更加突出、业务布局更加科学、转型发展更加有力。

凝聚合力，机制体制持续优化。人才是企业活力迸发的源泉。力生制药从最“硬核”的用人与激励机制入手，活力动力进一步释放，赋能企业高质量发展。全面推行管理人员任期制和契约化管理，力生及所属企业全部完成职业经理人的市场化选聘工作，主管以上管理人员全部通过竞聘方式上岗。实施人才培养工程，构建“双轨制、多通

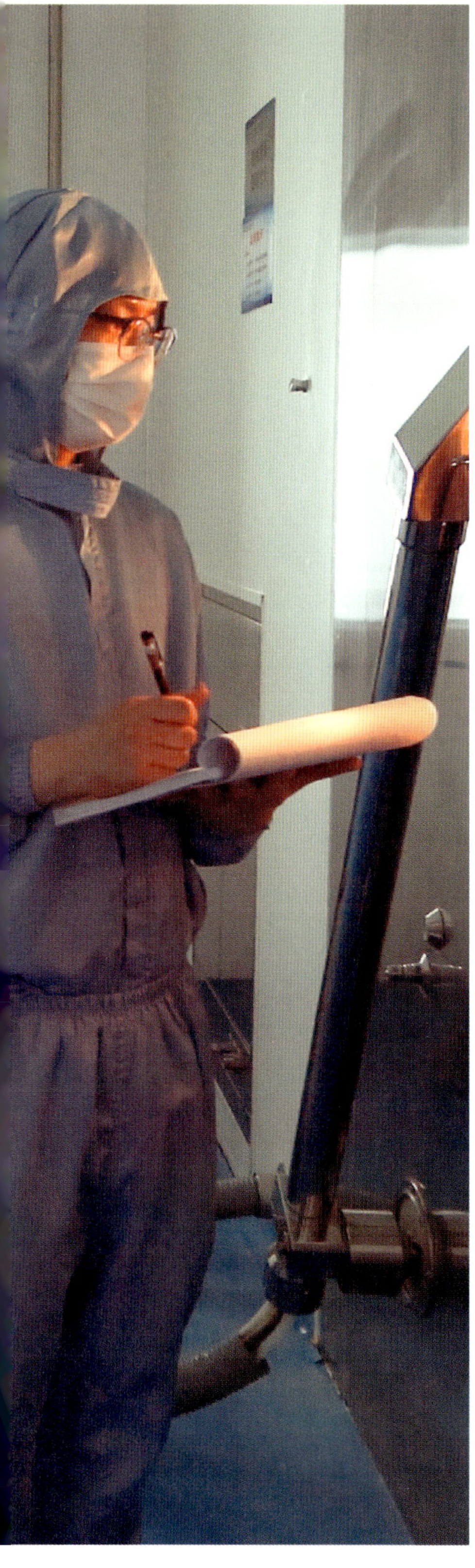

道、能流动”的人才机制，干部能上能下，不胜任退出，截至目前已有 2 人退出。建立“技术人员—力生科学家—首席科学家”技术职业通道，实现人才的差异化管理与专业化发展。实施多元化中长期激励，完成 98 名核心骨干人员限制性股票授予工作。建立项目跟投机制，实现项目投资层面的利益共享、风险共担。天津市国资系统第一个虚拟跟投项目已在生化制药落地实施，员工跟投积极性很高，跟投持股达 18%。制定“2×5”人才体系建设方案，打通各类人才晋升通道。

发挥活力，内生动力不断激活。2023 年，营销体系开展了重点产品的价值链重塑，以天津、北京等 7 个区域为试点区域，进行项目制动态管理，全力拓展市场。借助“寿比山”品牌优势，带动缬沙坦氯地平片等系列降压品种销售，打造品牌整体竞争力，使寿比山成为“专注国人降压的系列品牌”。优化渠道业务布局，深挖基层市场潜力。在巩固公立医疗等级医院市场的同时，积极拓展民营医院、基层诊所渠道，加强处方药下沉的能力。建立科学的营销业务机制，严格落实业绩考核，建立“双指标联动机制”，针对区域负责人引入末位淘汰机制，淘汰 1 名区域负责人，确保“能者上、庸者下、劣者汰”，激发团队活力，挖掘区域增量潜力；选派渠道管理经验丰富、业务能力全面的人员担任区域总监，较 2023 年同期，江苏区域销售增幅 143%，山东区域增幅 37%，安徽区域增幅 22%；实行营销中心内部人才输出奖励，激活营销队伍内生动力，打造有市场竞争力、有干劲闯劲的“营销铁军”，确保完成全年销售收入指标。

展现魄力，创新成果亮点纷呈。力生制药始终坚持科技是第一生产力，始终将 7% 以上的营收投入创新研发中，实施内生外引并举战略，通过自主研发、合作开发、许可引进、CMO 孵化等方式，推进高端仿制药、创新药、合成生物学、细胞与基因治疗等业务布局，向更高价值链延伸，产品创新跑出加速度。聚焦未被满足的临床需求和患者需求，力生制药全力保证人民用药安全有效可及，持续推动技术壁垒高、附加值高的原料药研发，掌握更多具有自主知识产权的重要技术，扩大“原料＋制剂”一体化优势，降低原料药成本，补齐产业链短板，提高供应链保障能力。作为一家有着丰富生产经验的制药企业，公司推动生产制造向规模化、绿色化发展，建立以制造能力为核心、以创新能力和服务能力协同支撑的产能共享平台，积极拓展 CMO、CDMO 业务，为医药创新生态提供服务与产业支撑。广泛推介公司“原料＋制剂”、十万到十亿、有专利到无专利、简单制剂到复杂制剂、国内到国际五大优势。作为公司新开拓业务板块，受到国内多家客户的认可和信赖，已承接 12 个品种、年产 15 亿片的订单。

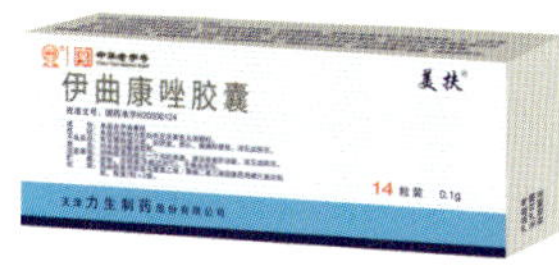

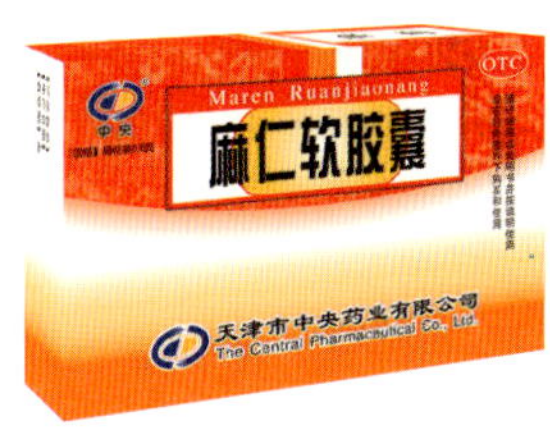

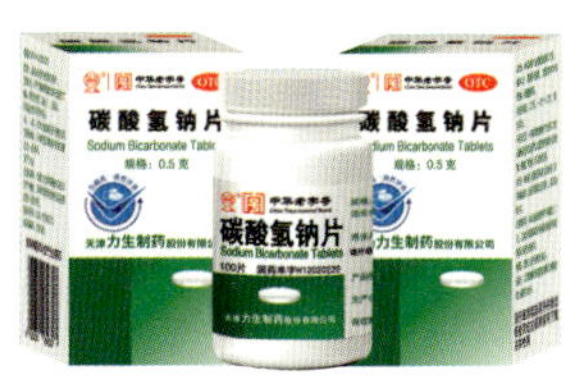

展望未来

力生制药将认真落实“科改示范行动”方案，在实现高质量发展进程中，坚定投资于人才、投资于研发，系统谋划科技创新，实施内生外引并举战略，通过自主研发、合作开发、许可引进、CMO 孵化等方式，推进高端仿制药、创新药、合成生物学、细胞与基因治疗等业务布局，向更高价值链延伸；打造原始创新策源地，建强创新研发平台，继续推动技术壁垒高、附加值高的产品研发，掌握更多具有自主知识产权的技术；扩大“原料＋制剂”一体化优势，提高供应链保障能力；建立产能共享平台，推动传统制造向服务制造发展，积极打造“一站式”CMO 平台，为天津市医药产业创新生态提供服务与产业支撑；加大投资并购力度，增强上市公司实力，把握医药产业重构和银发经济等大健康产业发展机遇，推进传统产业与创新产业的有效融合。■

03

匠意筑梦

高峡出平湖，深海潜天鲸。长虹卧碧波，天堑变通途。在辽阔的祖国大地上，有人捍卫驻守。在陌生的异国他乡，有人履职尽责。他们用行动诠释『工匠精神』，构筑『中国梦』。

务实奋发 行稳致远

中交第一航务工程勘察设计院有限公司
CCCC FIRST HARBOR CONSULTANTS CO.,LTD.

中交第一航务工程勘察设计院有限公司（以下简称一航院）正式创建于 1958 年，现为世界 500 强企业中国交通建设集团有限公司全资子公司。

奋进一航院

一航院自诞生之日起，便将服务国家重大战略作为自己的使命，“三年大建港”时期（1973—1975 年），完成了全国一半以上的勘察设计任务，中国港口从此改变了面貌。60 多年来，一航院先后承担了国内外 1 万多个水运工程勘察设计项目，规划设计了锦州港、黄骅港、潍坊港等 36 个港区，承担了秦皇岛、日照、青岛、黄骅、天津等地国家能源大港重点建设工程的勘察设计任务，设

天津市河西区洞庭路颐航大厦

计建设了世界最大的煤炭出口港、全国最大离岸能源岛，全国第一个专业化集装箱码头、第一个开敞式煤码头、第一个浮式 LNG 接收站……成就了中国筑港史上的 100 多项“第一”。中国现代十大港口中，一航院参与建设了八个。

一航院始终践行“科技立院”理念，积极开展技术研发，拥有国际、国内有效专利 150 多项，主编参编国际、国家和行业标准等 100 余项，促进了港口的跨越发展，攻克了板桩码头深水化建设技术难题，建成了世界上最大的板桩码头；专注于粉沙质海岸泥沙淤积的治理，在“建港禁区”建造了一座座现代化的深水码头；研发的半圆形导堤、半圆形沉箱、空心方块斜坡堤等新结构，攻克了长江口深水航道治理中一个个世界性技术难题；研发的“双柱式消浪块”第一次出现在世界海岸工程界人工块体的行列中，改写了我国海岸工程中长期使用国外人工块体技术的历史。

秦皇岛煤码头三、四、五期工程

新时期，一航院致力于港口智慧化绿色化的建设，设计了全球首个“智慧零碳”码头、亚洲首个全自动化集装箱码头；积极开展传统码头升级改造技术研究，将黄骅港煤码头改造成全国第一个 AAA 级工业景区，在日照港石臼港区建立国内首个港口全流程智能绿色化散转集运输系统。同时一航院积极开展生态型海岸建设，在海上光伏及风电、抽水蓄能、共享储能等领域率先发力，主导和参与的一批新能源项目相继落地，为美丽中国再添澎湃动力。

在海外市场开拓中，一航院积极响应国家“一带一路”倡议，践行中交集团“海外优先”发展战略，先后承担了 58 个国家的 200 多项港口、航道、船厂、护岸工程的设计建设。马耳他 30 万吨级干船坞系当时国内首次建造的 30 万吨级大型干船坞，毛里塔尼亚友谊港 1 至 3 号泊位为中国援非第二大工程项目，中缅原油管道工程原油码头工程成功实现了目前世界最大沉箱的设计与建设，为世界上最高的原油码头；巴拿马阿玛多邮轮码头工程为中巴建交以后中国企业通过政府招标实施的第一个项目。一项项设施联通助力共建“一带一路”倡议走深走实、行稳致远。

江苏滨海液化天然气（LNG）项目码头工程

全国水运工程勘察设计大师、一航院总工程师季则舟

乘风破浪济沧海

1989 年，季则舟从天津大学海岸工程专业硕士毕业，怀揣着“港口连接世界”的梦想，他踏进了一航院的大门。30 多年的光阴，季则舟的脚步一如开始那天，沉稳、有力，步子越迈越大，在一航院的沃土上，在老院长、老专家和前辈们的悉心传授下，在设计科研一线乘风破浪，快速成长为中交第一航务工程勘察设计院有限公司总工程师，全国水运工程勘察设计大师，先后主持了 100 多项水运工程咨询设计工作和 30 余项科研工作，攻克了一个个港口建设的关键技术难题。

说起这些年来的得意作品，第一个是季则舟刚工作不久遇到的。昌黎新开口渔港泥沙淤积，导致不能正常运转。“当时是要做防沙堤，其实工程不大，关键是和大学以及读研究生期间学的内容结合，最后把这个港口救回了，现在还在使用。”提起这个“小”工程，季则舟满含笑意。就是这次成功，让他从毕业之前的惶恐，工作之初的迷茫，变为坚定地在这个行业干一番作为的信心。

因为成长，所以求变；因为转变，所以念念不忘。黄骅港外航道整治之所以让季则舟记忆深刻，是因为有了“挑战”，让他更加充满激情。粉沙质海岸一度被认为是建设港口的“禁区”。季则舟带领团队白天晚上连轴转，春节在单位，数值模拟上百次，反复优化方案，精细核算，直到整治效果、投资效益达到要求为止。

一个个数据、一个个小数点，汇成了一次次攻关的创新成果：粉沙质海岸泥沙运动规律研究及工程应用，解决了粉沙质海岸港口建设与发展的瓶颈问题，全面推广应用于河北黄骅港综合港区、唐山港京唐港区、山东滨州港、东营港、潍坊港和江苏沿海等粉沙质海岸港口的建设；大型煤炭港区粉尘控制成套技术研究与应用、煤炭港区大型封闭储煤设施设计关键技术与应用，在天津港、唐山港、秦皇岛港、黄骅港等煤炭港口看到了粉尘治理的切实效果。

在季则舟看来，水运发展必须符合国家政策，要考虑行业和国家发展的契合度，国家倡导绿色、生态、数字化，“那我们就要在科技上创新，不能停留在传统行业的思维上”，“人与自然和谐共生”“港口工程如何达到”是季则舟这些年思考的课题。

一次次挑战迎来了一项项殊荣，赢得了一个个大奖：季则舟主持编制水运行业标准规范 9 部；出版《海港工程设计手册》（第二版）、《粉沙质海岸泥沙运动理论与港口航道设计》等著作；发表学术论文 30 余篇；荣获国家、省部级奖 50 余项。“唯有不断学习才能紧跟时代的步伐，才能让人生更加出彩。”如今，季则舟依然在不断学习的路上，如一叶扁舟在大海中乘风破浪，向海洋深处探索未知。

敬业奉献　堪当模范

作为中交一航院副总工程师的王玉红，参加工作 20 多年来，一直工作在水工结构设计工作一线，主持或参加完成多项国家重点工程，10 多个工程项目获省部级以上奖励，为国家筑港事业和企业发展做出了突出贡献。

水工设计是港口工程设计中最累的工作之一。面对艰巨的设计任务，王玉红没有退缩，而是把攻克每一个难关当作成长的历练、进步的台阶。做好设计工作，取得第一手资料是关键，每次出差现场踏勘，她都到现场了解地质条件、周边环境等基础材料，提出最佳的设计方案，完善设计内容。她所承担的每一个项目，无论大小，她都认真对待，以自己深厚的专业功底和女性特有的细心、耐心为业主做好服务，得到了业主和施工单位的好评。

作为一名工程技术人员，王玉红深知技术创新对企业发展和行业发展的重要性。20 多年来，她凭着对工作的热爱、对专业的钻研，在一个个工程实践中攻坚克难、持续创新，在为企业、为社会创新创效的同时，也实现了自己的人生价值。多年来，王玉红主持或参与完成的科技创新成果获得中国水运建设行业协会科学技术奖特等奖 3 项、一等奖 1 项，交通运输部水运工程咨询成果一等奖 1 项、二等奖 4 项，个人共拥有国家专利授权 6 项，其中 2 项为发明专利，其余均为实用新型专利。

第四届“海河工匠”、一航院副总工程师王玉红

由于工作经验丰富，专业理论扎实，王玉红还参加了多项规范的编写和项目研发工作。已经完成和颁布实施的规范有《防波堤与护岸设计规范》《船厂水工工程设计规范》和《水运工程信息模型统一标准》等。

王玉红的工作专长是善于使用计算程序解决一些复杂的问题，除在本职工作外，她还经常主动帮助一些新来的同志解决他们在工程或程序使用方面遇到的困难，和他们分享一些自己在工作中的心得体会，以便提高大家的工作效率。

作为一名生产一线的女性科技工作者，肩上承担着事业和家庭的双重压力，怀孕的时候，王玉红已经 41 岁，但她从未因此影响工作，直到临产前，还在忙着审阅图纸。她关心集体其他成员，乐于助人，顾全大局，能合理地处理好个人与集体的关系，并积极配合公司的工作安排，以踏踏实实的态度工作，从不计较个人得失，赢得了周围同志们的好评。

王玉红始终发扬女性“四自”精神，始终以工作为重，取得了突出的工作业绩，为推动企业发展和技术进步做出重要贡献。2013 年，王玉红被评为国家优质工程奖先进个人，2014 年获第六届天津市优秀科技工作者称号，2015 年获选天津市“131”创新型人才，2016 年获得天津市三八红旗手，2020 年获天津市住建委系统优秀共产党员荣誉称号，2023 年获天津市第四届“海河工匠”。

坚守几内亚　勇抗埃博拉

项目部全体合影
二排左四为宋庆华

2014 年 5 月，公司勘察团队赴非洲几内亚，参加中国电力投资公司几内亚港口勘察项目。彼时，西非几内亚埃博拉疫情严重，经过国内报纸、电视等媒体铺天盖地的报道，项目部成员对即将前往的国家心存恐惧。考虑到工程的特殊性和现场实际情况，公司决定由宋庆华带队远赴国外组织项目的实施。

面对可以想象得到的困难和危险，宋庆华义无反顾地承担起这份重担。接受任务后，他积极了解项目所在地疫情情况，得知其位于非疫情区后，马上带队奔赴万里之遥的西非几内亚。工程初期，船舶租赁、钻探平台搭建、生活物资采购，工作千头万绪，他科学组织，用了不到一个月的时间，现场工作和生活就走上了正轨。

繁重的前期工作刚刚结束，死亡率极高的埃博拉出血热在几内亚快速大面积爆发。死亡的威胁、现场工作人员的恐惧、国内家属的焦虑和担心，给整个项目部蒙上了阴影。撤回国还是继续留在几内亚工作？这些对于宋庆华来说，是个巨大的挑战和考验，国内的领导不完全了解现场情况，把决定权授予了他，职工们的眼睛也盯着他，希望他做出撤离的决定，好离开这块危险之地。对于他来说，项目部撤回国是个最简单和风险最小的决定，但他认为做事应该敢担当，他抱着科学的、负责任的态度来处理这种紧急状况，完全从国家、企业和职工生命安全的角度考虑问题，负责地做出决定。他认为工地位于埃博拉疫区北部 200 公里，工作区域是海上，工地到生活区走海路，唯一的危险源就是生活物资采购的问题，但如果可以组织去远离疫区的北部定点采购，完全可以避免与危险人群接触，所以他果断做出决定，继续坚持在几内亚完成该项目的勘察任务。他制订了严密的应急预案和预防措施，确保员工生命和身体健康安全的情况下继续工作。在安抚好自己家人的同时，对现场员工进行细致的思想工作和心理辅导，组织适当的活动调节心情。项目部很多成员年纪较轻，面对疾病的威胁和恶劣的工作环境，心理波动大。作为一名领导干部，他一方面细致地做好各种安全防范，一方面始终以乐观的心态面对职工，有效缓解了大家的紧张情绪，保证了项目的安全顺畅进行。

西非雨季气候恶劣，白天黑夜大雨不断，海上涌浪 2 米很平常，工况条件极差。特别是首次采用了钻探平台工作，遇到了很多困难，宋庆华和大家想了很多点子，总结了一套在西非恶劣海况下的工作经验，钻探进度逐渐加快。艰苦的工作，恶劣的环境，他和他的团队将工作和生活安排得井井有条。12 月 8 日，他们完成了中电投项目所有包括测量、地质钻探、水文气象的勘察任务。由于一航院几内亚勘察项

（上一）项目部讨论制订方案

（上二）严密消毒

目部享誉几内亚，新加坡韦立集团主动联系他，请求一航院帮助完成他们在几内亚的港口勘察项目。此时已近年关，大家思家心切，但为了国家的荣誉、企业的利益，他又和他的团队重新建立营地，重新组织下一个工程的实施。

宋庆华团队在非洲几内亚的坚持获得了中国大使馆的高度赞誉，赢得了几内亚中资机构和当地官员的良好口碑。回国后，业主赠送锦旗表示他们的感谢，公司对他的工作也给予了认可。他的表现体现了对国家、企业荣誉和利益高度负责态度，诠释了顾全大局、敬业勤业的职业精神。

长江口大显身手

作为中国建国以来建设难度最大的航道疏浚工程，长江口 90 公里宽，四口入海、台风肆虐、洪淤汹涌……种种世界级技术难题，曾让长江口“能不能治理”论证了 40 年。2003 年，一航院承担了一期工程导堤的 SE 标段长约 20 公里和二期工程导堤的NⅡB、NⅡC两个标段的设计工作。

经过实地考察和反复论证后，一航院技术人员对半圆形导堤设计方案进行充分论证。半圆形防波堤最早由国外研究开发，但一航院在引进时进行了诸多再创新，顺利完成一期设计任务。通过引进、消化、吸收国外的技术，形成了一批具有自主知识产权的专利和技术，积累了宝贵的设计经验。

在二期工程设计中，由于地处外海，设计和施工难度骤然增加。设计中，为了克服外海风大浪高，水工构件运输、安装难度大的困难，二期工程中开发了半圆沉箱新结构；为了解决抗滑稳定不足的问题，工程技术人员一起与生产厂家共同研究生产出合格的橡胶阻滑板，并在国内首次推广使用。这两项新技术的成功应用，不仅解决了地基软弱、承载力不足的困难，还大大简化了现场施工环节，提高了工效。

2002 年底，工程建设者在一期工程顺利实现 8.5 米水深后，二期工程遇到了大难题，一度停工 11 个月。设计团队经过充分论证、实地考证，最终成功解决难题，保

长江口深水航道治理一期工程

证了工程的顺利实施，为长江口深水航道治理工程建设做出重要贡献。

长江口深水航道治理在世界河口史上树起了一座丰碑：长江口深水航道治理第一、第二期工程连续两次获得詹天佑大奖和国家优质工程金质奖；成套技术的创新成果多达 74 项，获得发明专利 2 项、实用新型专利 12 项；形成的大型河口治理成套技术成果，获得了“2007 年度国家科技进步奖一等奖”。

安装防波堤

目前，依托长江口 12.5 米深水航道，第三、第四代集装箱可全天候通过，第五、六代集装箱船和 10 万吨级满载散船及 20 万吨级减载散货船可乘潮通过。更令人骄傲的是，2010 年至今，长江口工程大量成果迅速在洋山深水港、宁波舟山港等重点项目中推广使用，长江口工程名扬海外，已成为美国、德国、日本、荷兰等多个国家的河口、港口治理的“中国样本”！

面向未来　勇往直前

60 多年风雨兼程，一航院在致力于推动中国水运建设事业发展的同时，也收获了累累硕果，共荣获国家科技进步奖 7 项，詹天佑土木工程大奖 11 项，省部级以上奖项 600 余项。同时，一航院还获得全国勘察设计创新型优秀企业、全国水运工程建设优秀企业、全国工程勘察与岩土行业诚信单位，多次入选 ENR 中国工程设计企业 60 强。

今天的一航院，拥有工程设计综合甲级、工程勘察综合甲级等多项资质，业务范围涵盖策划咨询、勘察检测、工程设计、工程管理、投资运营五大板块，市场覆盖港口航道、交通枢纽、能源储运、水利设施、仓储物流、生态环保、文化旅游、城市建设八大领域，成为具有全产业链全过程工程咨询服务能力的大型综合性企业。

一航院胸怀国之大者，赓续红色基因，加快推进“智慧港未来城双核驱动、新动能新优势全面提升、努力攀登全过程咨询新高峰”战略落地，在强国建设、民族复兴新征程上奋力谱写更加壮丽的篇章！

创新敬业 诚信和谐

天津市建筑设计研究院有限公司
TIANJIN ARCHITECTURE DESIGN INSTITUTE CO.,LTD

天津市建筑设计研究院有限公司(以下简称天津建院)成立于 1952 年，历经从新中国成立初期百废待兴，到改革开放繁荣昌盛，走上新时代伟大复兴道路的各个历史阶段。自成立以来，天津建院人与共和国同舟共济、乘风破浪，经过一代又一代人的顽强拼搏和不懈努力，逐步发展成为拥有 1700 余人的大型国有设计单位，拥有全国工程勘察设计大师 2 人、享受国务院特殊津贴专家 10 人、天津市工程勘察设计大师 6 人，一级注册建筑师、一级注册结构工程师、注册城乡规划师等各类注册人员近 600 人，高级职称以上专业技术人员 900 余人。

天津建院具有建筑工程设计、城乡规划编制、风景园林等多项甲级设计资质，具备承接工程建设全过程服务能

天津市河西区气象台路 95 号

力，业务范围覆盖建筑设计、规划设计、工程总承包、全过程工程咨询、楼宇运维管理、专项设计、城市更新、绿色双碳、检验检测、展览展示十大领域，完成了一大批天津市标志性工程和外埠地标项目，为天津城市发展和祖国城乡建设事业做出了突出贡献。

历史沿革

天津建院成立初期，条件非常艰苦、设备简陋，地质钻探主要靠手工操作，工程计算使用手拉计算尺，绘图靠丁字尺、三角板，全院只有一辆美式大卡车改造的钻探车和一辆吉普车。但在这样的条件下，广大设计人员响应国家号召，面对新中国成立后迫切改善人民生活条件的需要，以高度的责任感和工作热情，编制出天津市第一套三层砖混结构住宅建筑设计通用图并在天津市内多处选用。

社会主义建设时期，天津建院作为城市建设主力军，先后完成天津工程机械厂、手表厂、毛纺厂等工业建筑，中山门、西南楼、吴家窑等工人新村，天津市第二工人文化宫、天津市人民体育馆、天津市儿童医院、天津市公安局办公楼、天津日报社、南开大学主楼教学楼、天津友谊宾馆、天津机场候机楼等代表性公共建筑。同时积极投身小三线、大三线建设，主动承担河北邢台、唐山震后援建任务，展现出天津建院人高度的社会责任感和使命感。

改革开放以后，天津建院成为全国首批实行企业化取费试点单位，从此全面走向市场，先后在东部沿海地区设立分院，完成了中国水利博物馆、无锡体育中心、海南豪生酒店以及陕西咸阳体育馆、西藏拉萨剧院等一批外省市标志性工程，同时完成中国驻瑞典大使馆、刚果黑角医院、苏丹成衣厂等援外工程设计。在天津本地市场，完成了古文化街等“四条街”、周恩来邓颖超纪念馆等“五大馆”以及天津铁路新客站、肿瘤医院、吉利大厦、水晶宫饭店、第二南开中学、津湾广场、梅江会展中心、数字电视大厦、天津文化中心等一批重点工程，并且承担了抗击非典、汶川抗震救灾、迎接奥运、援陕援疆等重点任务。1996 年，

（下一）参加世界智能大会

（下二）全球 BIM 获奖

天津建院在建筑行业内率先通过长城（天津）质量保证中心质量体系认证。2011 年，天津建院总产值首次突破 10 亿元，跻身全国先进行列。

进入新时代以来，天津建院顺利完成转企改制，大力推进国企改革，积极投身雄安新区开发建设，主动融入京津冀协同发展。通过实施“两全”发展战略，在巩固提升天津本地市场的基础上，大力拓展外埠市场，成功中标中国文字博物馆续建工程、中蒙博览会永久性国际会展中心、中国药都樟树岐黄健康小镇、海南隆兴希尔顿酒店、南京浦口文化中心等外埠重点工程；大力发展一体化设计、工程总承包和全过程工程咨询业务，承接了中德应用技术大学承德分校、高村清数科技园、中国能建天津电建电力院生产科研基地等 EPC 工程总承包项目，不断提升了建筑全生命期集成化服务能力；继续深耕天津本地市场，设计完成渤海银行、国家海洋博物馆、天津滨海文化中心、南开大学新校区图书馆、天津市一中心医院新址扩建工程、天津第三中心医院（东丽院区）、国知电力电气产学研基地等地标建筑，构建形成建筑设计咨询、工程总承包、全过程工程咨询“三业并举”经济格局。

同时，大力实施科技兴院战略，着力推进科技研发平台建设和技术成果转化，成立绿色建筑设计研究院，践行“双碳”目标，发挥结构、机电、智能、BIM 等技术中心作用，首创基于 BIM 的三维设计模式，实现 BIM 技术在项目全生命期的协同管理和集成应用，在建筑能源、智能化运维、绿色可持续设计等方面形成 30 余项技术成果并广泛应用，为行业发展树立了多项标杆。切实履行国有企业责任，协助卫健系统完成全市 80% 以上的防疫工程设计，积极落实东西部扶贫协作和对口支援国家战略，出色完成新疆和田中学、甘南州合作市东山全民健身中心等一大批援建工程项目，圆满完成驻村帮扶任务，为打赢脱贫攻坚战做出了重要贡献。天津建院共荣获国家、市部级以上优秀设计奖等 800 余项，科技进步奖及科技成果奖 80 余项，拥有国家技术专利等知识产权 100 余项，编制国家、省部级规范、标准图集 110 余项。

2021 年，天津海河设计集团有限公司正式挂牌成立，天津建院作为集团“七子”之一，迎来了崭新的历史发展时期。今天，天津建院人风华正茂，厚积薄发，将继续秉承“创新敬业诚信和谐”的企业精神，乘风破浪、扬帆远航，为实现集团上市目标，助力天津“设计之都”建设，做出天津建院人新的历史贡献。

文博建筑领域

朱铁麟，天津市建筑设计研究院有限公司副总经理、首席总建筑师，享受国务院特殊津贴专家，天津市工程勘察设计大师，正高级建筑师，国家一级注册建筑师；荣获首届全球华人青年建筑师奖、中国建筑学会青年建筑师奖、五一劳动奖章、天津青年科技奖等，并担任住房和城乡建设部科学技术委员会建筑设计专业委员会委员，中国勘察设计协会科技创新工作委员会副主任、城市设计分会副会长、建筑设计专家委员会委员，天津市建筑学会、规划学会副理事长等。

朱铁麟继承和发扬了建院文博建筑的先进设计理念和丰富实践经验，带领团队与时俱进、开拓创新。建院设计团队陆续创作了数字电视大厦、平津战役纪念馆、天津梅江会展中心、中国文字博物馆等一批具有影响力的地标性建筑作品。朱铁麟也成为建院文博建筑领域新一代领衔专家。

（中）数字电视大厦

（下左）平津战役纪念馆

（下右）天津梅江会展中心

综合体建筑领域

卓强，天津市建筑设计研究院有限公司副总经理、总建筑师，享受国务院特殊津贴专家，天津市工程勘察设计大师，正高级建筑师，国家一级注册建筑师，兼任中国建筑学会建筑师分会理事、天津市城市规划协会副理事长，荣获全球青年华人建筑师奖、中国建筑学会青年建筑师奖等荣誉称号。

多年来，天津建院作为城市建设主力军，为满足城市多元化的需要，始终致力于探索和开展综合体建筑的设计实践。卓强历经 30 载的磨炼与锻造，从建院历代建筑精品中不断汲取精髓，融入现代设计理念和建筑技术，带领团队承揽了津湾广场、嘉里中心、平泰大厦等一批具有复杂功能的综合体建筑，是天津建院综合体建筑领域新一代领衔专家。

（中）渤海银行

（下左）津湾广场

（下右）嘉里中心

文教建筑领域

陈天泽，天津市建筑设计研究院有限公司副总经理、总建筑师，正高级工程师，国家一级注册建筑师。兼任中国建筑学会建筑师分会理事、中国绿建委员会委员、天津市城市规划学会常务理事。荣获天津市五一劳动奖章、天津青年五四奖章、天津市青年岗位能手、天津市“131”创新型人才第一层次人选等，所带领团队获得天津市模范集体等荣誉称号。

作为国家《中小学校设计规范》主编单位，天津建院深耕文教建筑领域数十年，设计完成国家金奖项目——天津市第二南开中学、国家银奖项目——哈尔滨市第十四中学等精品项目，在文化教育建筑设计方面具有深厚的理论基础和丰富的实践经验。在此基础上，陈天泽根据文教建筑的发展需求，带领团队紧跟时代发展步伐，不断巩固提升技术优势，先后完成国家海洋博物馆、滨海文化中心等各类文教建筑数十项，是建院文教建筑领域新一代领衔专家。

（中）国家海洋博物馆

（下左）天津市南开中学滨海生态城学校

（下右）滨海文化中心

医疗建筑领域

莫慧，天津市建筑设计研究院有限公司建筑师、设计四院（医疗设计院）院长，正高级工程师，国家注册公用设备工程师，国家一级注册建造师，国家注册安全工程师；荣获天津市五一劳动奖章、中国十佳医院建设机电工程师、天津市最美女咨询工程师称号。

作为天津建院医疗建筑领域新一代领衔专家，莫慧带领团队探索形成了涵盖近 30 个专业的同步一体化设计出图的医院建设模式，出色完成了目前国内单体规模最大的综合性医院——天津市第一中心医院新址扩建工程等天津市主要医疗建筑和国内大型医院项目。

（中）天津市第一中心医院

（下左）天津医科大学总医院

（下右）环湖医院及胸科医院

城市更新领域

李欣，天津市建筑设计研究院有限公司城市更新设计研究院院长，天津市天泰建筑设计有限公司总经理，正高级建筑师，国家一级注册建筑师；荣获天津市优秀青年建筑师称号。

李欣作为天津建院城市更新领域的领衔专家，牵头开展了大型区域总体规划城市设计、综合功能开发策划，带领团队与市城投集团成立了天津市第一个城市更新专业化设计研究机构，成功策划实施了天津市第一个片区级城市更新项目——金钟河大街南侧片区城市更新项目，正在孵化落地的城更项目达十余项，成为天津城市更新领域最具影响力的专业团队。

（中）道奇球场

（下左）原开滦矿务局大楼

（下右）天津意式风貌保护区保护利用规划项目

开拓创新 高质高效

中水北方勘测设计研究有限责任公司

中水北方勘测设计研究有限责任公司（简称“中水北方”），始终以国家重大行业、产业政策和水利改革发展重大部署为引领，深耕水利水电、新能源、生态环境、建筑市政、智慧工程等重点业务领域，持续提升工程全生命周期综合化一体化服务能力。

秉承“以人为本、创造价值、合作共赢”的核心价值观，“创新、主动、诚信、高效”的企业精神，聚焦五化融合、科学管理两大实施路径，致力于打造员工自豪、业主信赖、行业领先、国际知名的综合性科技型工程公司。

通过多年来深耕行业领域，中水北方在一个又一个项目实践中不断实现技术突破，工匠精神贯穿始终，达到一个又一个崭新的高度。

天津市河西区洞庭路 60 号

中水发展

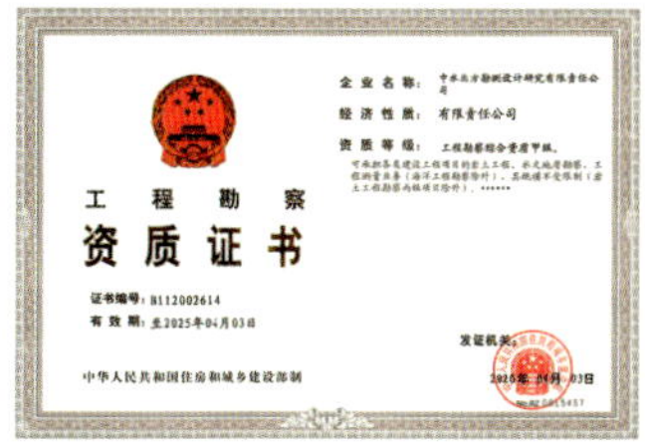
工程勘察
资质证书

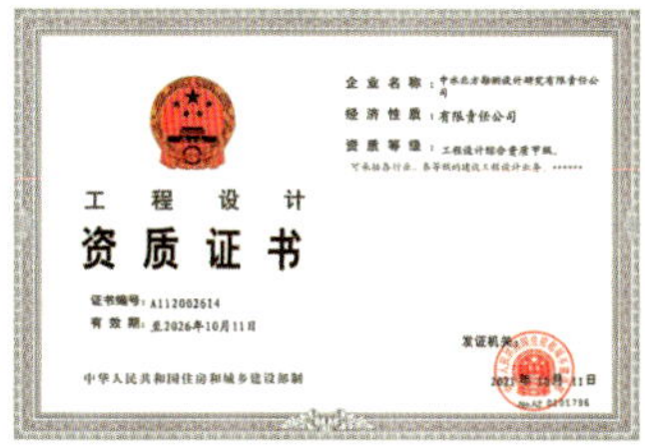
工程设计
资质证书

工程咨询单位甲级资信证书

从 1954 年，水利部勘测设计局抽调部分人员成立了水利部勘测设计院，几经改名重组，最终于 2003 年由部属事业单位整体转制，更名为中水北方勘测设计研究有限责任公司。

中水北方在各行业、各领域拥有多项从业资质：工程设计综合甲级、工程勘察综合甲级、工程咨询综合甲级、城乡规划甲级、测绘甲级、水利工程质量检测甲级、水利工程施工监理甲级、生产建设项目水土保持方案编制五星级、地质灾害危险性评估甲级等资质。公司通过质量、环境、职业健康安全、水安全保障及信息技术服务、信息安全管理体系认证，获评全国水利水电勘测设计行业信用评价最高等级 AAA 单位、国家高新技术企业，在国内外享有盛誉。

在中水北方的发展过程中，坚持愿景引领、坚持五化融合，即战略生态化、业务综合化、产业链一体化、产品绿色化和动力数智化。

业务布局

中水北方积极承担社会责任，立足水利水电传统主业，在新能源、生态环境、建筑市政、智慧工程等新业态方面进行业务布局，且取得了令人瞩目的成就。为更好地服务大众，公司深入投融资、规划设计、建设、运维等产业链，能够帮助大中型水利水电项目及相关业务开发运营进行投融资服务，具有顶层设计、策划能力，具备总承包建设能力，同时公司的三维协同设计手段日趋成熟，BIM+GIS 平台加速建设，能为全产业链一站式服务提供可靠支持。

中水北方的业务不但覆盖全国 31 个省市区和新疆生产建设兵团，在中国水利行业享有盛誉，更是较早步入国际设计市场的单位之一，作为“一带一路”倡议先行者，通过技术、服务、标准的多元输出，先后承担了 50 多个国家的水利水电、市政、建筑工程的勘测、设计、咨询、监理及项目管理任务，服务“中巴经济走廊”建设和“澜湄合作”，积极将中国标准推向世界。

水利水电

在水利水电方面，中水北方设计了中国第一座大型混合式抽水蓄能电站（潘家口水利枢纽/抽水蓄能电站）、中国最早的全断面碾压混凝土重力坝（石漫滩水库复建工程）、中国自主修建的第一座大型综合水利工程（黄河三门峡水利枢纽改扩建工程）、中国严寒强震区第一高混凝土双曲拱坝（QBT 水利枢纽工程）等。

潘家口水利枢纽/抽水蓄能电站

生态环境

在生态环境方面，中水北方承担了大理市环洱海流域湖滨缓冲带生态修复与湿地建设工程、永定河综合治理与生态修复实施方案、雄安新区萍河左堤防洪治理工程、福建三明金溪水生态修复与综合治理工程、那曲市江河源头区生态保护与修复工程等。

（上左）洱海生态廊道建设工程

（上右）巴基斯坦科哈拉水电站

（下）福建三明金溪水生态修复与综合治理工程

广西玉林北流隆盛风电场

新能源新业态

在新能源方面，中水北方参与了浙江省庆元抽水蓄能电站、贵州黎平一期竹山风电场工程、广东英德沙口光伏电站、内蒙古科右中旗风电场一期工程、广西玉林北流隆盛风电场、天津市河西区屋顶分布式光伏发电项目等。

同时，中水北方在建筑市政、智慧工程、工程总承包、国际工程等方面表现出色，如云南省宜良县宜九公路改扩建工程、广西桂西北治旱百色水库灌区工程以及巴基斯坦科哈拉水电站等。

杜雷功

业精于勤 实干创新

杜雷功，教授级高级工程师，具有注册土木工程师（水利水电工程）职业资格；享受国务院特殊津贴专家，入选水利部第二批5151人才工程部级人选，荣获全国优秀科技工作者称号；2020年1月13日被授予全国工程勘察设计大师称号。他还是中国大坝工程学会常务理事、中国水利学会理事、天津市水力发电工程学会理事长、水利部标准化领导小组专家委员会委员，国家科学技术奖评审专家和全国勘察设计注册工程师优秀命题专家。

从一名青年学子，到中国水利事业的一块坚强基石；从一名普通技术人员，到带领技术团队走出国门的领军人物；从籍籍无名的工程师到服务国家重大战略工程的全国工程勘察设计大师。凭着对祖国的热爱和对事业的执着，杜雷功把智慧和汗水留在了改写宁夏无坝饮水历史的黄河沙坡头水利枢纽工程，留在了造福新疆的数项国家重大引调水工程，留在了完善我国水资源配置格局的南水北调东线二期工程，留在了惠及“一带一路”沿线国家的多项大中型工程。

他勤奋努力，勇于创新，取得多项在国内外处于领先或先进水平的技术创新成果，特别是在长距离引调水、混凝土重力坝、高拱坝和特高拱坝、水电站厂房、长距离大深埋隧洞勘测设计方面有较深造诣。他在极软岩地基混凝土筑坝、沥青心墙软岩堆石坝筑坝、复杂地质条件下双护盾TBM隧洞施工，平原地区水闸设计等方面有较大突破。他用一个个工程设计技术的创新赢得了同行的尊敬，用一次次复杂条件下的攻坚克难实现了自我突破，以实际行动诠释着“忠诚、干净、担当，科学、求实、创新”的新时代水利精神。他出版著作5部，译著2部，发表论文多篇，担任多部行业规范的主审专家。

踏遍江河人未老，不忘初心再出发。回望风雨兼程的日子，杜雷功心中豪情未减，他坚信，伴随着“十四五”规划的实施，中国水利水电事业将迎来更好的发展，他将竭尽全力继续做好勘测设计领域的“探路人”。

奋战一线 勇挑重担

高玉生，教授级高级工程师，天津市勘察设计大师，天津市有突出贡献专家，优秀科技工作者；荣获天津市五一劳动奖章、天津市八五立功奖章等；2020 年 1 月 13 日，被授予“全国工程勘察设计大师”称号；兼任中国水利学会勘测专业委员会副主任委员、中国地质学会工程地质委员会委员、河西区科协副主席等学会、专委会的领导职务。

参加工作以来，高玉生始终奋战在水利水电工程勘察研究一线，勤奋努力，勇于创新，品德高尚，业绩突出，在行业内有较大影响；经过工程实践锻炼，逐步成长为公司勘测技术带头人。

从业以来，高玉生经常风餐露宿、夙夜在公，先后主持和参加了数十项大型水利水电工程项目勘察设计工作，为京津冀协同发展、“一带一路”等国家战略做出了突出贡献，取得多项在国内外处于领先的技术创新成果。如针对沙坡头坝基、八十一大坂隧洞等工程极软岩特性，万家寨、龙口水库岩溶渗漏和坝基深层抗滑稳定，齐热哈塔尔发电引水隧洞、ABH 流域生态保护工程等深埋长隧洞围岩变形、高地温、岩爆、涌突水等和大范围蚀变花岗岩工程特性，高寒地区超高拱坝建基岩体工程特性和高边坡稳定性评价等突出工程问题，取得了多项关键技术研究成果，为解决相关工程建设中的重大技术难题做出了突出贡献。高玉生的人生轨迹由一座座水利水电工程串联起来，地质勘察已成为他生命中不可缺少的一部分。

高玉生主编完成了《引调水线路工程地质勘察规范》《地下水资源勘察规范》和《水利水电工程地质测绘规程》三项行业技术标准；合作出版了《深埋长隧洞岩爆机理及防治实践》《中国沙漠风积沙工程地质特性研究及工程应用》等 6 部专著，其中 3 部著作为第一作者，并发表了 10 余篇科技论文。

高玉生兢兢业业，用行动诠释着对工作的热爱和执着，用人格魅力和榜样示范感染着身边的每一个人。“育人忌说教，身教胜于言教”，这是高玉生从老一辈地质勘察人身上学到的，也被他运用在人才培养上。

岁月如流，已过耳顺之年的高玉生在地质勘察领域忙碌了一辈子，谈及荣誉时他坦言：“我是幸运的，赶上了好时代，进了好单位，遇到了好老师，我有责任为地质勘察事业继续发光发热。”如今，高玉生带着对地质勘察事业的热爱和执着，带着对中国水利事业发展的期望，以大师之志、匠人之心，在地质勘察领域永不懈怠，扬帆远航。■

高玉生

持正守诚 与时偕行

中国建科 | 中国市政工程华北设计研究总院有限公司 NORTH CHINA MUNICIPAL ENGINEERING DESIGN & RESEARCH INSTITUTE CO.,LTD.

中国市政工程华北设计研究总院有限公司（以下简称中国市政华北院）成立于 1952 年，是我国最早的城市煤气和给排水设计院，隶属于大型骨干科技型中央企业中国建设科技集团股份有限公司，并于 2023 年完成混合所有制改革。2008 年公司被认定为首批国家高新技术企业，并在同行业中率先取得“工程设计综合资质甲级”证书，业务范围涵盖城市基础设施建设各领域的勘察、设计、工程总承包及相关技术服务，在业务发展、人才储备、科技研发等方面均处于行业领先地位。

作为市政和水环境工程领域的国家队和排头兵，中国市政华北院牢记“让城乡更美好”的使命，坚守“持正守诚、同创共享”的企业精神，践行“为客户着想，让员工成长”

天津市河西区气象台路 99 号

的核心价值观，以诚立企，勇创世界一流。中国市政华北院 2020 年入选国资委首批“科改示范企业”名单，2023 年入选国资委“创建世界一流专精特新示范企业”名单。

引滦入津

发展建设

建院 70 余年来，中国市政华北院人对于科技创新的执着追求是成就今天最强大的推动力，坚持“科技创新”“科技强院”早已经植入中国市政华北院人的基因，融入中国市政华北院的品牌和文化。

中国市政华北院拥有系统完备的科技创新组织体系，于 2013 年建立博士后科研工作站，并拥有 6 个国家和省部级的科研中心，包括“国家城市给水排水工程技术研究中心”“国家燃气用具质量检验检测中心”2 个国家级科研中心，“住建部城市煤气技术发展中心”“住建部给水排水设备产品质量监督检验中心”2 个部级科研中心，“天津市城镇燃气应用重点实验室”“天津市城镇排水系统重点实验室”2 个省级重点实验室。

天津古海岸与湿地国家级自然保护区生态修复工程

中国市政华北院先后承担国家科技重大专项、重点研发计划等国家级科研项目课题 120 余项，编制国际国家标准 125 项、行业地方团体标准 150 余项。

天津中新生态城建设项目

承继着70余年历史的国字号，中国市政华北院始终与国同频共振，先后承担了“南水北调”“引滦入津”“西气东输”“一带一路”等国家战略工程项目的设计任务。作为北方设计联盟成员企业，中国市政华北院始终坚持企业发展与天津发展互融共进，在给排水、城市更新、垃圾焚烧发电、海水淡化、智慧城市等领域深入参与天津城市建设。中国市政华北院在津承接的项目已有数百项，包括“天津纪庄子污水处理厂工程”（我国具有自主知识产权、全部采用国产设备的第一座大型城市污水处理厂）、“津沽污水处理厂工程”（荣获中国土木工程詹天佑奖）、“天津古海岸与湿地国家级自然保护区生态修复工程”“天津中新生态城建设项目”（国际首创所有涉水设施全统筹、非常规水多源多级净化利用、水质水量保障及动态联动联控的缺水型生态城市水系统构建与智能管控成套技术）、“天津地铁5号线工程”等一批民心工程。中国市政华北院人坚守“尽心尽智，高效高质”的服务理念，积淀技术、深耕专业，匠心筑造绿色工程，已累计获得詹天佑奖、国家及省部级科技进步奖、设计奖800余项。

（左页上）天津市津沽污水处理厂工程

（左页下）天津市纪庄子污水处理厂工程

（下）李猷嘉院士

燃气事业排头兵——李猷嘉院士

李猷嘉院士，1932年生人，研究生学历，我国第一批城市燃气供应专业研究生，全国工程勘察设计大师；2001年当选中国工程院院士，成为中国燃气业内唯一的工程院院士；曾任中国市政华北院副总工、中国土木工程学会城市燃气分科学会理事长、国际燃气联盟（IGU）理事、中国城市燃气协会副理事长；现任中国市政华北院顾问总工。

1978年，李院士离开站了21年的大学讲台，调入中国市政华北院，致力做好燃气及其应用的任务。几十年间，李院士始终身先士卒致力于祖国燃气事业，参与制定我国城市能源政策、城市燃气发展政策和城市燃气发展规划，组建了中国市政华北院燃气科研队伍，牵头成立了燃气实验室基地，带领团队开展燃气领域的技术应用研究。在研究的道路上，当面临艰难险阻、争议分歧之时，李院士始终保持着积极乐观的心态，兢兢业业、任劳任怨地带领大家坚持实践探索、勇于创新突破。

工作期间，李猷嘉院士完成多项获奖的研究课题；作为总工筹建了“国家燃气用具质量监督检测中心”，至今仍是我国燃气行业唯一的国家级检测中心；负责完成了数项国内外合作项目；前后完成百余项工程项目的可行性研究和初步设计审核工作，并发表论文著作数十篇；积极从事大型燃气工程项目的评审和国际学术交流活动。即便年已九旬，他依然从事着当初热爱的事业，十分关心燃气科学技术发展与工程应用技术研究，继续推进着我国城市燃气的发展。

他曾说：“任何人在他的一生中都不可能是一帆风顺的。往往是既有机遇，也有挫折；只有正确地把握住自己，不断总结经验，才能取得进步。”这句话深深地烙印在许多中国市政华北院人的心中，并作为工作的信条，指导大家不忘初心，为祖国发展不懈奋斗。

杭州七格污水处理厂四期工程

百舸争流　奋楫者先

中国市政华北院适应新阶段新趋势，以增强核心功能、提高核心竞争力为重点，以国家发展战略性新兴产业为契机，在数字化技术、绿色低碳技术等领域引领行业发展，加快形成新质生产力，推动传统市政基础设施建设行业转型升级。中国市政华北院牵头编制的“十四五”国家重点出版物专项著作《绿色市政基础设施技术指南》首次构建了多板块覆盖、多设施融合、多维度集成的绿色市政基础设施技术体系，有力推动了市政基础设施的全面绿色低碳转型。中国市政华北院拥有构建智慧城市平台的基础和能力，打造的智水孪生（I_2O）体系是国内首套以实现大规模水系统预测性数字孪生为目标的成套产品，为国家供排水系统智慧运维、智能管控、优化调度提供了有力支撑。

中国市政华北院将继续聚焦国之大者、围绕国之所需，建设更具市场竞争力、品牌影响力和行业引领力的世界一流企业，砥砺传承、匠心卓越，让城乡更美好！■

创新求实 敬业奉献

天津市水利科学研究院

天津市水利科学研究院（以下简称天津水科院）成立于 1975 年，为天津市水务局直属公益型事业单位，是科技实力雄厚、专业门类齐全、研究手段先进、综合实力较强的水利专业科研机构。其主要科研业务涉及水资源利用、水环境改善与修复、防洪减灾、农村水利、水利除险探测、水工结构、水利工程管理等技术领域。设有农村水务研究所、水工程研究所、防洪减灾研究所、水资源与环境研究所、水利量测研究所和岩土工程研究所、建成质量检测中心、科技推广中心、泵站测试中心、科技信息中心、水景喷泉测试中心对外开展技术服务，成立水利部科技推广中心天津市推广工作站和水利部科技推广示范基地。

天津市河西区友谊路 60 号

人才与团队建设

天津水科院事业编制人数 134 名，现有在职职工 108 人；现有正高级工程师 14 人，副高级工程师 40 人，工程师 25 人；享受国务院特殊津贴专家 1 人，获得全国五一劳动奖章 1 人，水利部科技英才 1 人。

技术领军人才

李金中，1970 年出生，湖南省新化人，民盟成员。2010 年毕业于南开大学环境科学与环境工程学院，博士研究生。2012 年晋升为正高级工程师，天津市环境科学学会理事，民盟天津市委科技委员会委员。多年来，主要从事水环境、水资源领域科研工作。先后被授予全国水利系统先进工作者、天津市有突出贡献专家、天津市五一劳动奖章；获国家专利优秀奖 1 项，天津市专利金奖 1 项，省部级科技进步奖二等奖 4 项、三等奖 1 项，获国家专利授权 12 项，出版专著 2 部，发表学术论文 23 篇。

科技领军团队

“天津河道入河污染控制及水环境改善”团队

2019 年，天津水科院“天津河道入河污染控制及水环境改善”团队入选天津市“131”创新型人才团队，努力为天津市水生态文明提升、推动天津市绿色发展、加快建设美丽天津提供技术保障，为实现天津市“十四五”远景目标增添力量。

“人工潜流湿地水处理技术”团队

2016 年，天津水科院“天津市水利科学研究院人工潜流湿地水处理技术”创新团队入选天津市“131”创新型人才团队。团队通过技术创新转化，将创新成果应用于天津市重点水利工程建设，为天津市水环境改善和水生态修复供了有力的技术支撑，为建设美丽天津做出贡献。

部门设置与研究平台

研究所和中心

目前，研究院下设节水技术研究所、水环境与水工程研究所、防洪减灾研究所、水资源研究所、信息化研究所五个研究所，检测中心、推广中心、水务发展研究中心三个中心。

科研平台

目前，为社会发展和国家战略需要，研究院重点建设了水务遥感解析实验室、水土污染与防治实验室、农业节水重点实验室、水利数学模型实验室、水利工程质量检测实验室五个实验室。

国际合作交流

自成立以来，天津水科院广泛开展国际合作与交流，积极参加各类学术研讨、合作研究等活动，建立起良好的国际合作关系，致力于解决全球性、前沿性重大水利科技问题。国际合作不断深入，创新领域不断拓展，为做好天津“水资源、水环境、水安全”的大文章提供了坚实的科技保障。例如，20 世纪 90 年代，天津水科院派出工程技术人员作为中国水利专家参加莫桑比克国家农业综合开发项目，把我国先进的农田水利工程技术引入到该国，在莫桑比克建设了第一个完善的农田水利工程，受到莫桑比克国家农业部的高度称赞，为国际合作项目积累了经验。

典型科研成果

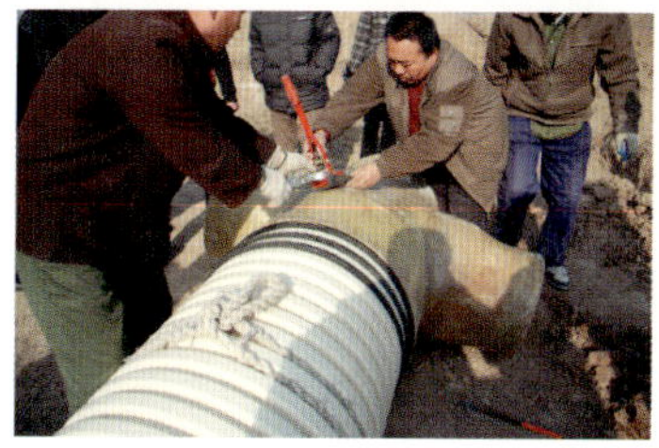

渠灌区大流量输水节水综合技术试验研究

项目研究内容包括大流量管材、配套管件及给水栓的开发，用水计量设备研制、大流量输水管网系统优化配置技术、工程施工与运行管理等。项目实施期间先后取得国家授权专利 1 项，发表论文 1 篇，获天津市科技进步三等奖。

设施花卉高效节水施肥与环境调控技术研究

该项目集滴环灌溉技术、营养液配制与灌溉自动化控制技术、膜外喷淋降温调控新技术和水肥高效利用灌溉制度等于一体。项目实施期间先后取得国家授权专利 3 项，其中 1 项专利为发明专利，成果经鉴定达到国内领先水平，荣获天津市 2016 年科技进步三等奖。

城市水环境改善与水源保护示范工程研究

该项目集人工湿地、人工沉床、人工浮床、人工水草、人工投菌、喷泉曝气等多种水体净化技术为一体。项目实施期间先后取得国家授权专利 18 项，其中 1 项专利荣获国家专利优秀奖，成果经鉴定达到国际领先水平，先后荣获天津市科技进步二等奖、水利部大禹水利科技二等奖。

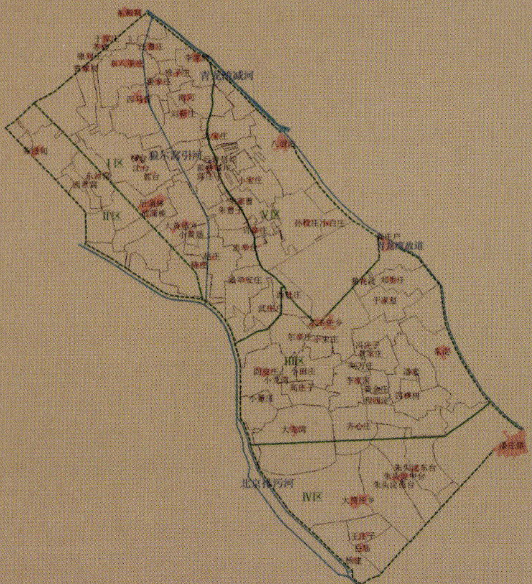

大黄堡洼蓄滞洪区风险管理研究

项目选取大黄堡蓄滞洪区为研究范例，进行了蓄滞洪区洪水演进、预报，洪灾损失评估、蓄滞洪区风险评估，风险图制作及建立了蓄滞洪区风险管理信息系统，系统集成地理信息、数学模型、风险分析、查询显示、规划管理等多种功能模块。研究提出大黄堡蓄滞洪区土地可持续利用模式和合理分洪管理措施。成果荣获 2010 年天津市经济信息系统优秀成果一等奖、水利部 2011 年大禹水利科学技术奖三等奖。

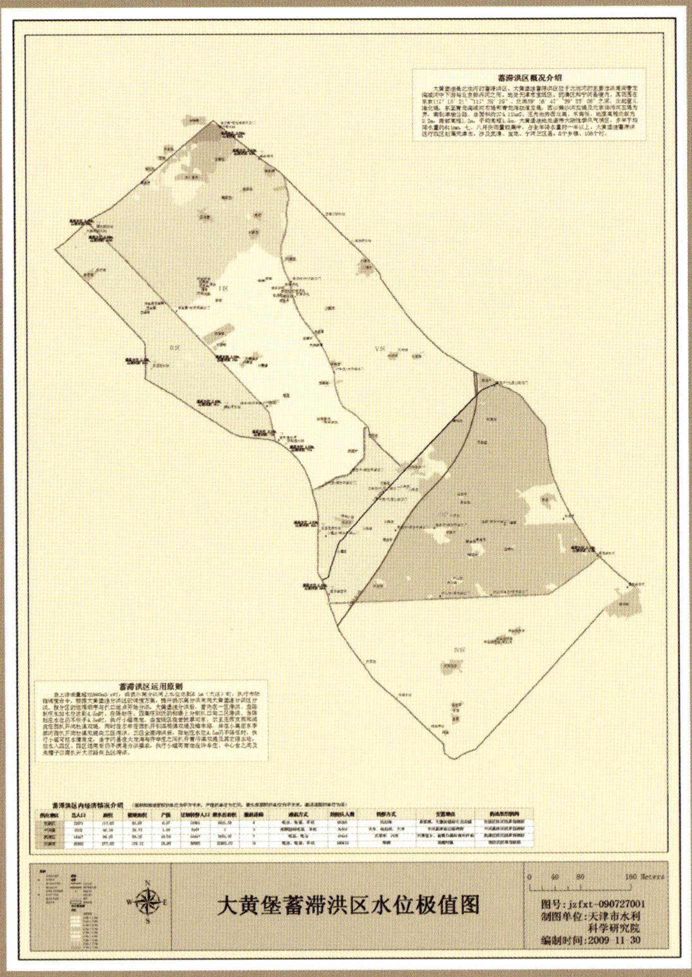

北疆电厂海水淡化水进入市政管网的安全性研究

该项目针对热法生产的海水淡化水自身的安全性做出全面评价，为生产、使用海水淡化水的日常水质管理提供了依据；针对北疆电厂海水淡化水的水质特性，结合天津的实际情况，提出了出厂水水质标准；论证了海水淡化水后处理的必要性，提出北疆电厂海水淡化水适宜的矿化方法。该项目实施期间发表论文 6 篇、出版科技著作 1 篇、获得发明专利 2 件、实用新型 2 件。成果荣获天津市 2018 年科技进步三等奖。

园林景观 风景独好

天津市园林规划设计研究总院有限公司

天津市园林规划设计研究总院有限公司始于1952年，是中国风景园林设计“老八甲院”之一，历经70年传承，设计项目遍布全国各个省、自治区、直辖市，约750个设计作品获省部级及国际优秀设计奖项。

资质业务

公司是原建设部最早批准的风景甲级资质单位之一，具有风景园林工程设计专项甲级资质，工程咨询单位资信评价甲级，建筑行业（建筑工程）乙级资质，城乡规划乙级资质。

公司业务范围集咨询、规划、设计于一体的全国性设计机构，提供从前期策划、项目包债、可研项建、到控详

天津市河西区郁江道21号41401

规划、设计及运营的全过程设计服务。

公司项目遍布全国各省、自治区、直辖市，设计类型涵盖公园绿地、商业地产、景区规划、海绵城市、文旅文创、农业及造林、生态修复、民用及仿古建筑等。

业绩荣誉

公司设计成果获得国家级、省部级及国际设计大奖 750 余项。

其中，获得国家奖项的优秀设计如下：天津市海河公园总体规划及秋景园设计（国优设计金奖），低碳园林创意实践园（美国芝加哥最佳设计奖），天津市梅江公园一期设计工程（一等奖），滨州北海明珠湿地公园（一等奖），天津市低碳园林创意实践基地（一等奖），天津市河西区绿道公园建设项目一期工程设计（一等奖），天津市“植物园链”专项规划（一等奖），天津蓟州州河、下营环秀湖国家湿地公园可行性研究报告（一等奖），滨州北海新城水系景观规划（一等奖），水上公园文化提升专题研究（一等奖），等等。

2015 年至今，公司连续四届蝉联全国文明单位，现为中国勘察设计协会风景园林与生态环境副会长单位、中国园林学会规划设计副理事长单位、中国古树名木专业委员会副会长单位、中国咨询协会市政专业副秘书长单位等。

天津市蓟州黄崖关长城

攻坚克难　打磨精品

公司广大干部职工，发扬敢打善拼、攻坚克难的拼搏奉献精神，在迎奥运、迎全运等历次大规模市容环境综合整治中发挥了重要作用，担当起了“大美津城我梳妆”的历史重任。天津城市绿道公园是城市一道独特亮丽的风景线，是津城百姓休闲、休憩的极佳选择。公司自 2013 年起，牵头编制天津城市绿道专项规划，并规划设计试验段，至 2023 年国庆节前，城市绿道河西段全部建成。在规划设计过程中，陈良、周华春等院领导亲自带领项目组，不畏严寒酷暑，穿树林、跨铁路，用脚步丈量全线 8 公里的每一寸土地；为了实现现状铁路的静态保护，一米一米进行设计，与建设方反复推敲、研究铁轨构造，以期实现其在景观中的利用，所设计的铁轨步道成果成功申报实用新型专利；为了把控落地效果，全过程现场服务……天津城市绿道一经“亮相”，就成为城市“网红”打卡地。该项目先后获得中国风景园林学会科学技术奖规划设计一等奖、“海河杯”天津市勘察设计协会一等奖。

绿道公园

水西公园

（左一）文化中心

（左二）海河

（左三）文化中心

（右一）海河

（右二）南翠屏公园

（右三）水上公园

津沽天地

大江南北

（上一）新疆乌鲁木齐南湖广场

（上二）西藏昌都澜沧江天津广场

（上三）济南长清文昌山公园

（上四）秦皇河公园

（下）河南安阳易园

继往开来　再创辉煌

公司秉承了天津园林景观深厚的历史传承和辉煌业绩，并把创新作为不懈的追求，将匠心融入设计灵魂，以提供一流品质和服务为核心追求，致力打造兼具津味园林、人文情怀与国际视野的知名设计品牌。公司有着崇高的职业理想和信念，有着旺盛的创作激情和热情，有着先进的设计理念和优质的服务体系，同时，紧紧跟随国家发展机遇期与步伐，秉承开放的视野、合作的心态，整合国内外优秀设计资源，积极参加“一带一路”、京津冀协同发展、雄安新区建设等国家重点建设项目，努力探索中国风景园林的未来，努力为中国风景园林行业的发展贡献自己的力量。■

低碳花园

津水设计 创新发展

天津市水务规划勘测设计有限公司

天津市水务规划勘测设计有限公司，前身为“天津市水利勘测设计院”，始建于 1975 年，现隶属于天津海河设计集团，是集规划、咨询、勘察、设计、科研、试验于一体的综合性水利行业设计甲级企业和国家高新技术企业，在业内享有较高知名度。

公司以“水务为主、二维延伸、适度多元、创新发展”的经营理念，逐步构建起以水务工程规划、勘测、设计为主线，以水生态、水环境工程和水务工程全过程咨询为两翼，BIM 工程设计、智慧水务、工程造价等多专业协同发展的企业格局。立足天津、面向华北、展望全国，公司积极探索全国市场，着力在科技水利、生态水利、智慧水利三方面不断整合优势资源。

天津市河西区桃园街道 217 号

资质资信

天津市水务规划勘测设计有限公司拥有工程设计水利行业甲级、工程咨询资信（水利水电；市政公用工程；水文地质、工程测量、岩土工程）甲级、工程勘察专业类（岩土工程）甲级、测绘甲级、水资源论证甲级、水文水资源调查评价甲级；工程设计市政行业（给水工程、排水工程）专业乙级、建筑行业（建筑工程）乙级、工程咨询资信（建筑）乙级、工程勘察专业类（工程测量）乙级、水土保持方案编制单位水平评价四星级、水土保持监测单位水平评价三星级、水利建设市场主体信用评价 AAA 级。

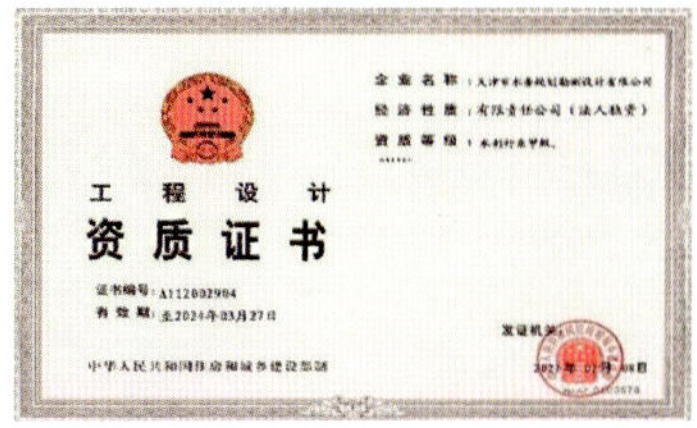
工程设计
资质证书

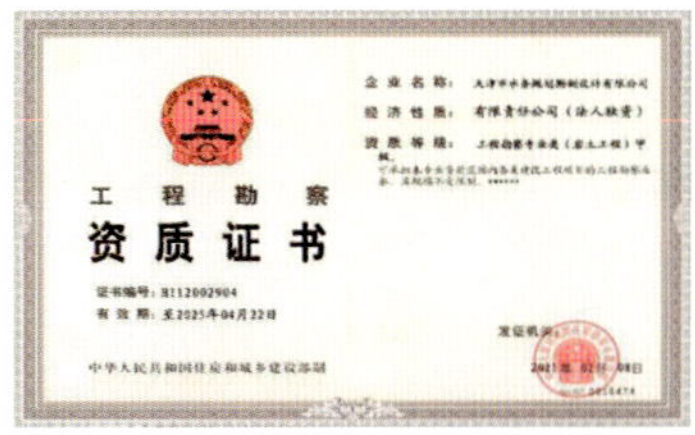
工程勘察
资质证书

荣誉奖项

公司多年来大力提升设计理念，充分体现科学发展、生态文明、人水和谐的设计思路，创造了一个又一个设计精品，荣获 FIDIC 优秀项目奖、大禹水利科学技术奖、中国水利工程优质（大禹）奖、城乡建设优秀设计优质工程、国家优秀设计奖、全国优秀工程勘察设计行业奖、全国优秀工程咨询成果奖、全国优秀水利水电工程勘测设计奖等国家级奖项 15 项，荣获天津市科技进步奖、优秀勘察设计奖、优秀咨询成果奖等市部级奖项 252 项。

技术特长

公司的技术特长主要表现在长距离引调水（如引滦入津工程、南水北调中线一期工程天津干线等），水库枢纽工程（如于桥水库工程、北大港水库工程等），湿地水生态（如于桥水库入库河口湿地工程、独流减河宽河槽湿地改造工程等），环境保护与水土保持（如独流减河绿化工程规划方案、天津市水土保持规划等）。

获奖证书

获奖成果：现代调水工程水力控制理论及关键技术研究

奖励等级：一 等

获奖单位：天津市水利勘测设计院

证书编号：DYJ20100202-D02

大禹水利科学技术奖奖励委员会

二〇一〇年十月

工程业绩

在公司的发展过程中，取得了令人瞩目的工程业绩，在服务天津市的基础上，也为全国的水利工程做出了重大贡献。在天津市重点工程方面，公司先后完成了引滦入

津、南水北调中线一期工程天津干线、北大港水库、尔王庄水库、东淀文安洼蓄滞洪区、贾口洼蓄滞洪区等工程，完成了《天津市水务发展“十三五”规划》《天津市水安全保障“十四五”规划》等规划编制。在外埠重点工程方面，承担了西藏昌都市江达县河道治理工程、广西东山水厂农村供水管网延伸工程、衡水滨湖新区农村供水管网改造工程、河北省沙河治理工程、庆阳市王家湾水库（公刘湖）改造工程等。

（上）引滦隧洞工程

（左）天津市海堤工程

（下）北大港水库工程

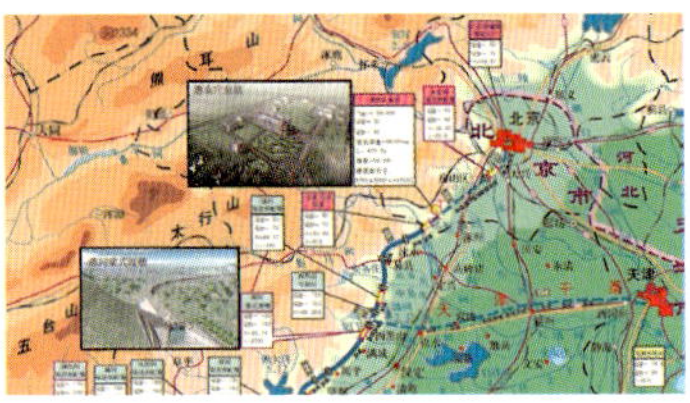

南水北调中线一期工程天津干线工程

发展目标

公司严格按照《中华人民共和国公司法》和国资体系规章制度开展生产经营管理工作，立足城乡生态水务工程设计咨询公司定位，打造“津水设计”服务品牌。

一是坚持“水务为主、二维延伸、适度多元、创新发展”原则，持续做大做强水务工程勘测设计主业，逐步扩展水生态水环境、数字智慧水务、全过程咨询业务，以发展实际和市场需求为导向，适度拓展新业务，探索实践以融资并购等形式吸纳成熟业务，力争在“十四五”末实现主营业务收入的大幅提升。

二是不断增强综合设计能力，加速补齐专业短板。重点加快公司发展需要的资质申请工作进程，进一步研究论证影响公司长远发展的资质申报和升级工作。努力提高科技管理水平，积极推动科研工作向常态化、成果化发展。作为国家级高新技术企业，持续进行研究开发与技术成果转化，形成企业核心自主知识产权。

三是贯彻落实天津市“十项行动”，推进“三新”“三量”工作，为天津水务事业高质量发展不懈奋斗。

履责担当

2023 年夏天，海河流域遭遇特大洪水，防汛形势严峻。公司派出技术骨干 470 余人次，9 辆抗洪抢险车、3 台无人机、3 台 GPS 测量仪提供技术服务，发挥国企主力军和压舱石的作用，全力以赴助力天津市抗洪抢险救灾工作。

公司成立防洪应急抢险领导小组，下设 7 个工作组，主要领导亲自部署指挥，负责一线调度，带领技术人员在防汛抗洪最关键时刻分秒必争、多措并举，为天津市防洪应急抢险工作提供技术支撑服务。规划设计院技术骨干连夜奋战，第一时间研究制定《东淀蓄滞洪区应急抢险工程方案》并提出应急抢险工程措施。水利设计院集结水工、金结、征迁等骨干力量组成抗洪一线技术小组，昼夜奋战在静海和西青区东淀蓄滞洪区开展洪水防御工作。勘察测绘院安排技术骨干到达南水北调天津干线防汛一线，组建3支航飞组，提供及时精准的技术支撑。

闻令而动、迎难而上，公司在防汛抗洪一线勇挑重担、当先锋、打头阵，全力保障人民群众生命财产安全，发挥了国企责任担当，以出色表现荣获“天津市抗洪抢险救灾先进集体”荣誉称号。■

海河口泵站

固基修道 履方致远

中交天津航道局有限公司
CCCC-TIANJIN DREDGING CO.,LTD.

中交天津航道局有限公司（以下简称中交天航局）隶属世界 500 强企业——中国交通建设集团有限公司，是中国第一家专业疏浚机构，由 1897 年成立的海河工程局发展而来，迄今已有 120 多年的历史。

中交天航局秉承中交集团“固基修道、履方致远”的企业使命，坚守“交融天下、建者无疆”的企业精神，承担“通江河湖海建美好家园”的企业宗旨，坚守“客户为本创新包容”的行为导向，聚焦客户价值创造，与客户共创美好未来，努力实现“让世界更畅通、让城市更宜居、让生活更美好”的企业愿景。

中交天航局主要从事港航疏浚、生态环保、水利市政、海洋工程等业务，兼顾勘察设计、资源开发利用、工程商

天津市滨海新区保税区天航局大厦

品贸易、特色房地产等延伸配套业务。中交天航局拥有港口与航道工程施工总承包特级，市政公用工程、水利水电工程施工总承包壹级，地基与基础工程、环保工程、电子与智能化工程专业承包壹级，工程设计水运行业甲级，环境工程设计专项甲级，工程勘察综合资质甲级，测绘甲级，工程咨询甲级等近 70 项资质，能为客户提供投资、咨询、勘察、设计、施工、运营等全产业链解决方案和一体化服务。

中交天航局在发展过程中，参与了一系列典型工程。在港口航道工程方面有，天津港（承担了天津港全部航道疏浚、港池开挖和吹填造地任务）、大连港（承担了香炉礁、大窑湾、太平湾、长兴岛等港区的全部疏浚工程，承建的大连鲇鱼湾油码头是我国自行设计建设的首座 10 万吨级油码头）、港珠澳大桥工程（参建了珠澳口岸人工岛工程）、广州港（参建了广州港深水航道拓宽工程）、京杭运河整治系列工程等。在生态修复方面有，昆明海河黑臭水体综合治理工程、太湖区域生态清淤工程、雄安新区白洋淀流域生态治理、重庆广阳湾生态修复工程等。在"一带一路"方面，有波兰什切青波利采码头及疏浚工程、加纳特马港新集装箱码头项目、伊拉克新港口一期疏浚项目等。

成都锦江流域治理

港珠澳大桥工程——天航局参建的珠澳口岸人工岛工程是港珠澳大桥工程最早开工的先导工程，也是港珠澳大桥项目中陆域形成面积最大的人工岛。

长江澄通河段铁黄沙整治工程

永定河流域综合治理

加纳特马港新集装箱码头项目

京杭运河整治系列工程

中交天航局拥有种类齐全的现代化挖泥船队，挖泥船及辅助船舶70余艘，总装机功率近60万千瓦，年疏浚能力超3.5亿立方米。其中，有实施国家重大战略工程的功勋船舶“天鲸号”，国内自主设计建造的超大型自航耙吸船“通途”轮、“通程”轮，国内首艘从设计到建造拥有完全自主知识产权的重型自航绞吸船“天鲲号”。中交天航局拥有国家级企业技术中心1个，省部级企业技术中心4个，国家高新技术企业6家，省部级企业重点实验室1个，博士后工作站2个，涵盖设计、科研、综合类勘测等业务的生态环保研究院1家。中交天航局施工足迹遍布中国沿海30多个港口、内陆近30个省份，以及亚洲、非洲、欧洲、美洲、大洋洲等30余个“一带一路”沿线国家和地区。

顾明

中交天航局积极践行央企担当，荣获“中国五四青年奖章集体”“全国先进基层党组织”“全国五一劳动奖状”“中央企业先进集体”“全国文明单位”等荣誉，连续多年被评为全国“守合同重信用企业”“全国用户满意施工企业”，所实施多项工程获“詹天佑奖”“鲁班奖”“大禹奖”，自主设计研发重型绞吸船“天鲸号”获“国家科学技术进步特等奖”。

在中交天航局发展过程中，涌现了一批先进人物、先进事迹，如大型绞吸装备国轮国造奠基人顾明和“天鲲号”团队等。

大型绞吸装备国轮国造奠基人——顾明

世纪之初，国内疏浚市场一派欣欣向荣，可是仔细盘点“家底”，中交天航局发现，自有疏浚装备技术水平仍停滞在 20 世纪 90 年代水平，同时，外国装备却价格高昂。为实现绞吸装备的国轮国造，在局领导的支持下，原国家政协委员顾明在国内率先组建了包含 10 个核心疏浚专业的科研团队，推动建立产学研用一体化的研发体系，后续还主持建成了世界一流、规模最大、最先进的疏浚实验室。2006 年，无论对顾明还是中国疏浚业都极具特殊意义，堪称疏浚装备国轮国造元年——这一年，“天狮”船不负期望，成功问世。“天狮”船是中国第一艘国内设计、国内建造的现代化大型绞吸挖泥船，彻底打破了国外挖泥船的技术垄断。并且，浅水倒桩、智能控制、绞刀系统完全是自主研究成果，具有创新性突破。

此后十余年，一批批更新型号的绞吸挖泥船雨后春笋般被设计制造出来。从“新天牛系列”，到拥有两项世界首创的“滨海系列”，到当时亚洲最大的非自航绞吸船“新215”系列，再到当时亚洲最大、最先进的自航绞吸船，被称为“功勋船舶”的“天鲸号”，这些绞吸船舶自主化程度越来越高，设计越来越领先，建造也越来越精良。

从渤海湾航道扩建，到祖国远海岛礁建设，北到乌克兰黑海港口，南至毛里塔尼亚南部综合港，这支不断壮大的绞吸船队成了绝对先锋主力。

2017年是中国疏浚业的又一个里程碑。这一年，“天鲲号”横空出世：海况适应能力全球最强，输送能力世界第一，挖掘深度亚洲第一，挖掘系统能力世界前列。“天鲲号”的诞生，真正实现了中国大型绞吸挖泥船的自主设计、自主建造，标志着我国疏浚装备制造业迈入世界领先水平。自此，中交天航局绞吸船队完成了最新一块拼图，一个世界最大、先进程度最高的崭新绞吸船队闪亮深蓝。2024年，顾明荣获“国家卓越工程师”称号，成为10位获奖者之一。

“重器”须有大担当

“重器”须有大担当。许多重要工程项目，“天鲲号”不能缺席。每有使命召唤，无论面对的是极寒还是高温，“天鲲号”上的年轻人都一往无前。

极寒有多寒？勘察加项目，零下30多摄氏度。在甲板上工作的船员们，穿着厚厚的连体工作服，戴着头盔和护目镜，依然难以抵挡抽打在脸上的寒风冰霰。为赶工期，他们三班倒，全天无休作业。工作服外面冻着冰雪，里面淌着汗水，个中煎熬的滋味一般人难以忍受，“天鲲号”的年轻人却早就视若平常。

岸上会好一些吗？积雪经常深达数米，简易房一楼打不开门，想出来只能从二楼窗户往外跳。水管冻住，只能融化雪水喝。不下雪时，饥饿的棕熊常绕着项目驻地觅食。多少次船员闻声抬头，一只棕熊正用爪子拍着玻璃窗，流着涎水向他张望……这里是无人区，日复一日，除了海鸥、棕熊、水獭，就是寂寞且狂暴的大海。年轻的船员们一待至少3个月，长的则要10个月。

高温有多高？钦州港项目，“天鲲号”船员工作的轮机舱内温度高达50摄氏度，工作服里面是汗，外面也是汗。还不只是高温——轮机舱的发电机足可供给一个小型企业或社区，但工作起来噪声震天，船员们即便戴着耳塞，出舱之后耳朵依然嗡嗡作响。

“天鲲号”团队合影

天鲲号

钦州港航道疏浚也遇到了坚硬岩石，过去一般靠炸药爆破。考虑到当地的环境保护需求，“天鲲号”青年团队夜以继日地攻关，解决了这一难题。项目期间，重达 40 多吨的抛泥泵突然出现故障。等厂家技术人员来修，又要好些日子。“实在等不起！”全体船员决定自己解决。他们分两班倒，5 天 6 夜加班抢修。要知道，抛泥泵光 1 个螺丝都有 10 多千克，有时安装一个部件，要靠好几个小伙子协力推动。抛泥泵终于修好了，小伙子们却累惨了，吃饭时连筷子都拿不稳。

近年来，“天鲲号”在海外参与的工程不断增加，施工足迹遍布多个国家和地区。团队成员行走天下，但“家国”二字，常在心中。

“天鲲号”首战，与最坚硬岩石“硬碰硬”那段时间，船上振动特别大，仿佛要把人的五脏六腑震出来。虽然船上安装的气动减振器足以保证舒适安全，但此时却未被开启。轮机长王东没有半句怨言：“隔绝振动，就无法感受绞刀的真实运行状况。振动虽然让身体难受，但让我们心里踏实！”

团队成员杨家旺，有一天突然左嘴角下垂，原来是连日劳累加受凉，出现了面瘫，不及时治疗可能留下残疾。但“天鲲号”是全电力驱动船舶，作为船上最了解机电的人，他知道自己不能走。他从附近医院取回一些针剂药品。此后十多天，同事张岳成了“主针医生”，为他注射治疗，直到攻坚结束。

2020 年元旦前，“天鲲号”奔赴连云港参与项目施工。但因疫情防控的需要，施工计划不得不进行调整。“同志们，项目如果停工，每月将面临重大损失。现在，全船实行自我封闭，所有人员停止休班换班，务必守护好‘天鲲号’的岗位！”凭借在船职工的坚守，疫情防控期间，“天鲲号”没有耽误一点时间，实现了国内施工以来超 3800 小时安全运转，提前完成施工任务。

舍小家，为大家，有国才有家。这是“天鲲号”上年轻人的共识。他们正是怀着这样炽热的情感，驾驭着国之重器，一次次奔赴最需要他们的地方。■

创新驱动 深耕笃行

中交天津港湾工程研究院有限公司
TIANJIN PORT ENGINEERING INSTITUTE CO.,LTD.
OF CCCC FIRST HARBOR ENGINEERING CO.,LTD.

中交天津港湾工程研究院有限公司（以下简称港研院）始建于 1959 年，现隶属于中交第一航务工程局有限公司，是世界 500 强“中国交建”旗下的重点科研开发机构。作为中华人民共和国最早成立的科研院所之一，港研院秉承着建设成为创新驱动、特色鲜明、行业领先、国内一流企业研发机构的企业愿景，已经发展成为集科研、勘察、设计、监测、检测、评估、咨询、施工于一体的综合性研究院。

港研院的业务足迹已遍布全国，同时进军亚洲、非洲、南美洲的 10 多个国家和地区，在港口、船坞、公路、铁路、桥梁、隧道、地铁、机场、水利、核电、风电、跨海通道等国内外工程建设领域做出了重要贡献。

天津市河西区柳林街道大沽南路 1002 号

企业资质

港研院先后获得了国家级企业技术中心和高新技术企业认定，具有“工程勘察专业类岩土工程”甲级资质、防腐设计与施工资质。港研院下属全资子公司天津港湾工程质量检测中心有限公司拥有“检验检测机构资质认定”(CMA)、“实验室认可”(CNAS)、交通运输部“水运工程材料甲级”“水运工程结构甲级”“公路工程综合乙级”，天津市“建设工程质量检测机构”“测绘乙级”等资质。港研院通过了英国劳氏公司质量、职业健康安全、环境“三标一体”管理体系审核认证。

实验室

港研院拥有“港口岩土工程技术交通运输行业重点实验室”“天津市港口岩土工程技术重点实验室”“中国交建海岸工程水动力重点实验室”“中国交建岩土工程重点实验室”，是“天津市水下隧道建设与运维技术企业重点实验室”“吹填造陆与软土工程教育部工程研究中心”的共建单位。

（上一）黄骅港

（上二）蒙内铁路

（上三）天津地铁三号线

（下）港珠澳大桥

大连湾海底隧道

代表工程

港研院先后参与了港珠澳大桥、深中通道、大连湾海底隧道、天津港、天津地铁三号线、福建莆田南日岛海上风电项目、哈大客运专线、华能江苏大丰海上风电、黄骅港、京唐港、蒙内铁路等重大工程建设。

深中通道

（右）天津港

（左一）福建莆田南日岛海上风电项目

（左二）京唐港

（左三）哈大客运专线

刘爱民

港研院设有博士后科研工作站，并与清华大学、天津大学、河海大学、大连理工大学、天津城建大学等大学开展博士后联合培养与科研合作，同时主编并向国内外公开发行全国中文核心期刊《中国港湾建设》和内部期刊《华北交通工程》。在港研院的发展历程中，涌现了无数的青年才俊，为国家的建设添砖加瓦。

孜孜不倦的“追梦人”

“科研工作者就是要不断充实自己，才能跟上潮流。”刘爱民是这样说的，也是这样做的。

2010 年，刘爱民考入天津大学岩土工程专业，成为了一名学生，在职攻读工程博士。对待学习，他一向严格要求自己，无论是晚上上课还是周末上课，从未旷过一堂课。

国家注册岩土工程师、注册咨询工程师、一级建造师、交通运输部水运工程结构专业和地基专业检测工程师……不知不觉中，刘爱民成了港研院“传说中”资格证书最全的人。

踏实的学习，只为了获取货真价实的知识；不苟的工作，更为了紧跟日益革新的技术，这就是身为科研工作者最朴实的写照。

作为中交一航局高级专业总师、港研院副总经理兼总工的刘爱民，先后承担和参加国家级省部级课题 20 余项，获省部级（含中交集团）科技奖励 30 多项；荣获全国五一劳动奖章、天津市有突出贡献专家、中国疏浚行业资深专家、天津市劳动模范等称号。然而即便如此，刘爱民却依旧感叹着梦想到实现的艰难。

他的梦想，就是沉下心来，安安静静地搞科研。在“追梦”的道路上，刘爱民仍在不知疲倦、忙碌着……

“顶天立地”的科研成果

所谓“顶天”，就是始终立足学科前沿，开展科学研究；所谓“立地”，就是科研成果应接地气，能应用。港研院是一航局的技术中心，是紧密结合工程实践开展科研工作的研究院。科研成果必须能“顶天立地”，这是几代港研院的科研工作者一直秉承的理念。曹永华，中交一航局专业总师，中交天津港湾工程研究院有限公司首席研究员，中国交建首届青年专家委员会成员,其作为港研院的一员，也必然将“顶天立地”作为科研工作的座右铭。

曹永华

2008 年，为解决中交一航局在天津地铁 3 号线 13 标段建设中面临的近距离侧穿既有桥梁桩基等难题，由一航局技开基金支持，成立了由港研院牵头、港研院和局城市交通公司联合组成的技术攻关小组。曹永华作为港研院的项目负责人主持了该项研究工作。

当时围绕盾构穿越桥梁桩基是否需要对桩基进行预加固，各方开展了激烈的讨论。曹永华采用精准的数值模拟手段，成功预测了盾构近接施工对既有建筑物的影响，并分析了地基处理方式和施工参数变化的影响，为盾构近距离穿越桥梁桩基工程中取消原设计的旋喷桩地基加固提供了有力的证据，节省了工程造价的同时缩短了工期，并将施工对既有建筑物的影响控制在了很小的范围内，保证了一航局首个盾构工程的顺利完成。该研究成果被鉴定为国内领先水平，并获得了一航局科技进步二等奖，同时该施工项目获得了天津市建筑工程“结构海河杯”奖。

可靠度在岩土工程研究中似乎是一个禁区，岩土工程中采用可靠度理论计算得到的可靠指标过低、与工程实际安全度不匹配，导致可靠度方法很少在岩土工程中应用。为攻克这一公认的难题，2011 年起，曹永华主持了交通运输部项目“水运工程土坡与地基稳定可靠度研究”，将研究瞄准对水运工程的成败具有决定作用的土坡与地基稳定问题。将随机场理论应用于土性指标统计中，从理论上严密证明了按现有常规统计方法获得的土性指标方差过大,应进行适当折减，得到了既能考虑互相关性，又能考虑自相关性的土性指标统计方法，使土性指标方差得到有效减小，计算得到的可靠指标增大。基于极限分析理论和极限状态设计原则，提出了适用于土坡与地基稳定可靠度分析的复合滑动面法等三种方法的极限状态方程。项目相关研究成果已经纳入行业标准《水运工程地基设计规范》，并获中国交建科技进步二等奖、中国水运协会三等奖。

不让须眉的“巾帼标兵”

侯晋芳，工学博士，正高级工程师，现任中交天津港湾工程研究院有限公司副总经理。她是交通运输部、天津市、中国交建岩土工程重点实验室学术带头人，天津市“131创新人才培养工程”第一层次人选；曾获中国疏浚行业技术专家、全国五一巾帼标兵、天津市劳动模范、天津市三八红旗手标兵等称号。

在负责《成层土与非均布荷载的土压力计算理论研究》时，侯晋芳反复推导、计算，在继承黄传志教授提出的极限分析方法的基础上，进一步给出适用于土压力计算的一般公式，提出了土压力研究的新思路，她也逐步成为科研工作室的骨干成员。

早在港珠澳跨海大桥建设筹备科研组时，侯晋芳便加入其中。刚开始工作，就碰到大难题，人工岛围堰地基在初设期采用淤泥固化处理方案，但耐久性要求达到120年，这样高标准的工程属于世界首例。困难面前，侯晋芳和同事开展了“水泥拌合体强度室内试验和耐久性分析”，通过对数千个试样的分析试验，提出了“该地区软土进行固化强度难以达到设计要求”的结论。

侯晋芳

港珠澳大桥建设过程中，她长驻现场，参加了多次关键技术难题的攻关。在人工岛填岛施工过程中，侯晋芳和团队临危受命，结合现场实测数据，利用数值仿真技术模拟整个填岛过程，经过上千个模型的模拟分析，给出沉降预警标准，解决了日均沉降量和沉降速率超出现有规范规定等情况，现场施工得以顺利进行。研究成果还获得了1项中国航海学会特等奖、1项水运工程建设协会三等奖和1项中国交建科技进步二等奖。

侯晋芳数十年如一日，在重大工程中发挥了技术指导工程的重要作用，以巾帼不让须眉的气魄展现了新时代女性风采。

攀登原创技术新高峰

刘文彬

刘文彬，现任中交一航局港研院岩土所总工；先后荣获天津市最美航务女工、天津市敬业奉献好人；中交集团优秀共产党员、中交一航局优秀共产党员荣誉称号。

“在施工现场发现问题，用基础理论创新破解难题”，是刘文彬从事科研工作的初心与使命，作为基础理论研究工作者，她以“拼命三娘”的劲头，持续攀登沉管隧道产业链原创技术新高峰，为深中通道、大连湾海底隧道等重大沉管隧道顺利推进提供了坚实的理论支撑。

被问到为何会选择海洋岩土，刘文彬说，这并不偶然，她的父亲就是一位建筑领域的科研工作者。从小耳濡目染，她对建设祖国，并为之贡献一己之力一直怀有热忱，她说：“心之所向，素履以往。”

2015 年 7 月，刘文彬入职港研院。工作之初，她以实验室为家，深夜凌晨、周末假日，她总是把自己“关”起来，做实验、查文献、写报告，“女同志做科研其实很有优势，我们心思更加细腻，或许就能发现不一样的问题。”正是这份用心和勤奋，她逐渐成长为团队骨干。

2016 年底，世界级跨海通道集群——深中通道开工建设。刘文彬迎来了参与超级工程重大科技攻关的首战，但摆在她面前的，是前所未有的堵点和难点。

综合现场调研，刘文彬大胆提出了采用深层水泥搅拌法（DCM 法）替代原方案的设想。为验证可行性，她带领团队对人工岛地质条件进行逐层分析，对照基础理论寻找支撑要素，开展室内配合比试验。

上百组配合比，每组制备 24 个试样，一时间，实验室里码放了几千组样品，刘文彬每天都要对试样进行标准养护，测定不同时间内各试样的无侧限抗压强度变化。在确定满足现场要求后，立刻开展现场试桩试验，测试实施效果。最终，论证了 DCM 法在深中通道应用的可行性与可靠性。方案的成功应用，更开 DCM 工艺在我国水工建设中大规模使用之先河。■

精益求精 追求卓越

中交（天津）生态环保设计研究院有限公司

中交（天津）生态环保设计研究院有限公司（以下简称中交生态环保院）隶属世界 500 强企业——中国交通建设股份有限公司（简称中国交建），是具有 120 余年企业历史的中交天津航道局有限公司（简称天航局）的全资子公司，中交生态环保院是中国交建首家以生态环保为核心业务的设计企业。

自 1898 年海河工程局下设的“总务及测量部”起，在这百余年间，中交生态环保院随着时代的浪潮几经变化，从单一的设计工作到目前七大业务板块覆盖生态治理产业全链条，业务范围不断丰富。从最初的几十人到拥有高技能人才 300 余人，公司规模不断扩大。从默默无闻到拥有 16 项资质资信以及各类研究平台，业务实力与日俱增。

天津市河西区台儿庄路 41 号

历史沿革

在天津贸易飞速增长，海河不堪重负、淤塞严重的背景下，1897 年 3 月，海河工程局应运而生，而海河工程局下设的“总务及测量部”是中交生态环保院可追溯的最早前身。

改革开放之初，为加强航道的科研、设计工作，观测研究港口航道演变规律，开展航标、观测仪器和技术革新，收集有关的科技情报资料等工作，1980 年 6 月，交通运输部天津航道局成立设计研究所。

一直到 1992 年 5 月，根据党中央国务院国有企业改革转型的要求，设计研究所更名为天津航道设计研究所，继续从事河道疏浚设计相关业务工作。

1994 年 6 月到 1997 年，天津航道设计研究所拓宽业务经营范围和结构，先更名为天津航道勘察设计研究院。随后又与天津航道局测绘公司合并，成立天津航道局勘测设计研究院。

2006 年 10 月，中交集团整体重组改制，天津航道勘测设计研究院更名为中交港航勘察设计研究院有限公司。

十九大以来，中交生态环保院顺应改革发展大势，率先向生态环保领域进行战略转型，通过重组成为中交集团首家以“生态环保”为主业的科技设计企业。爬坡过坎、滚石上山，在国企改革三年行动实践中，中交生态环保院深刻找到了企业“大而不强”的短板弱项和“强而不优”的痛点堵点，这为公司在体制机制优化、科技创新引领、人才智力支撑等方面进一步校准方向、深化改革提升奠定了实践基础。进而促使公司以全新姿态直面市场，“以业绩论英雄，英雄不问出处”“以价值创造者为本，为价值创造者创造价值”的改革发展理念在公司上下达成共识。

从 2018 年的“全员经营”到 2020 年的“三维三路”再到 2022 年的“市场为大，客户为先”，公司上下市场化视野格局逐步打开，意志品质在市场竞争中得到淬炼，市场化发展进程得到加速推进。

中交生态环保院聚焦技术创新，特别是在市场化应用

（下一）1897 年海河工程局办公楼

（下二）交通运输部天津航道局测绘公司营业执照

（下三）1994 年 9 月 1 日测绘许可证

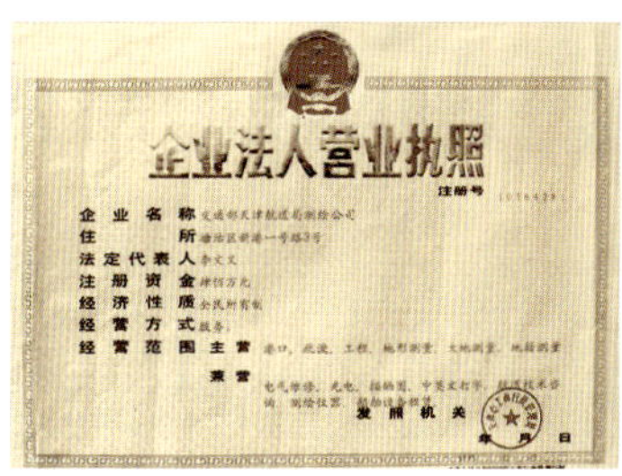

企业法人营业执照

注册号

企业名称 交通部天津航道局测绘公司

住所

法定代表人

注册资金

经济性质

经营方式

经营范围 主营

兼营

发照机关

年 月 日

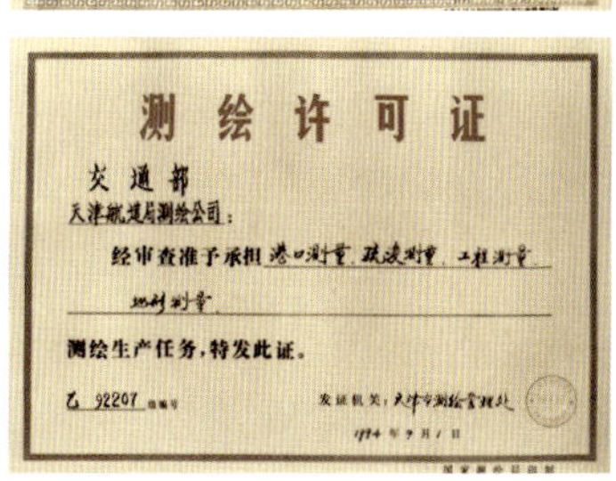

测绘许可证

交通部

天津航道局测绘公司：

经审查准予承担 港口测量、航道测量、工程测量、地形测量

测绘生产任务，特发此证。

乙 92207

发证机关：天津市测绘管理处

1994 年 9 月 1 日

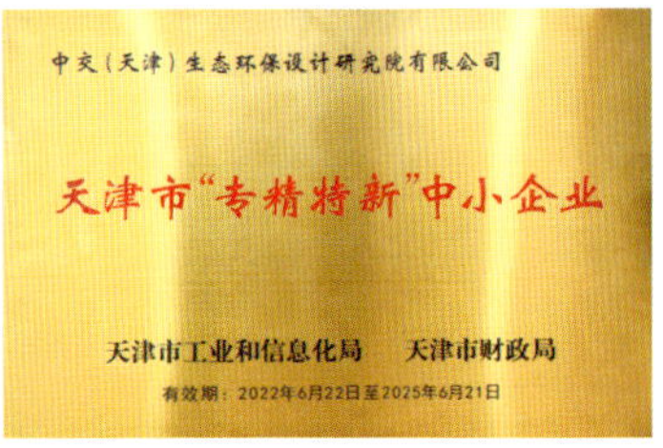

层面的成果转化，通过“核心技术 + 专业经营”的模式，成功策划参与了杞麓湖、洱海、镜泊湖、斧头湖、洞庭湖、太湖、西山水库等江河湖库生态治理项目。先后荣获天津市“专精特新”中小企业、天津市企业技术中心，成功获评中交集团重要三级企业和专业领航企业（设计咨询），成为中交集团 81 家“头部”三级企业之一。

中交生态环保院业务聚焦生态环保领域，紧跟国家供给侧改革要求，发挥七大特色业态深度融合优势，瞄准重点区域、重要项目、重大市场，与国内顶尖科学团队、地方政府、行业优质资源开展协同，打通产业链上下游，探索并构建了一套具有自身特色的系统经营模式。

生态环保　绿色工程

作为中交集团首家以生态环保为核心业务的国有科研设计企业，中交生态环保院始终以践行“两山理论”为核心的习近平生态文明思想为己任，坚持靠前站位，争做中交集团“江河湖海优先战略”的坚定执行者，先后主持参与和实施了国内首个以环保为主题的湖泊内源污染治理工程——滇池，国内首项内河湖泊大型环保疏浚及生态湖滨带建设工程——巢湖，国内首个黑臭水体摘帽工程——官渡海河，国内首例流域综合治理项目——抚仙湖马料河，在长江、松花江、海河、辽河四大流域和太湖、滇池、巢湖、白洋淀、洱海、洞庭湖、鄱阳湖等重要湖库先后实施了百余项重点生态环保修复与治理工程。同时还全面参与了南海岛礁生态建设工程、雄安新区白洋淀环境治理与修复工程，以及河西陈塘污染场地修复、雄安新区 10 万亩苗景兼用林建设和孝义河湿地修复等典型环保类项目 4 项。通过系统性推进生态环保产业链上下游的布局与攻关，在推动解决国家山水林田湖草领域相关的环保治理、生态修复、生态优先等“卡脖子”关键技术方面做出了积极贡献。

▍（右上）安徽巢湖

▍（右下）白洋淀综合治理后

▍（下一）海南生态岛项

▍（下二）滇池

云南滇池草海污染底泥处理工程堆场形成绿地

医治水体“病痛”的“药师”

黄佳音

北方的冬季总是这样，寒风裹着冷气，干燥的空气像无数个小尖刺从皮肤划过。在白洋淀的一处冰窟窿旁，一位身披军大衣，眼镜不时泛起白雾的“药师”正带领着她的团队观察取样。她就是中交生态环保院副总工程师黄佳音。

2007 年，黄佳音来到中交生态环保院，从此便开始在环保领域“摸爬滚打”，打交道最多的是水环境领域。十几年来，她将青春与热情全部奉献给了环保科技事业，用一项项科技成果诠释着女性科技工作者不断涅槃重生、向上生长的坚韧品质。在河湖库治理与修复领域研究的科技成果转化达 10 余项，授权国内外发明专利 11 项，其中授权国际发明 1 项，授权国内外实用新型专利 20 余项，其中授权国际实用新型 1 项，她也因此被同事亲切地称为环保领域的“药师”。

“药师”这一称号恰如其分地展现了她对于根治生态“顽疾”的不懈努力与执着，彰显出一名环保科技工作者守正创新、不畏艰险的奉献精神。在九大高原湖泊之一的星云湖，她不顾风吹日晒，连续奋战 20 天攻坚底泥脱水技术，带领团队开展 13 次板框压滤工程试验，自主研发出“天航壹号”助滤剂，并形成环保型板框压滤脱水工艺。

带着丰硕的成果，黄佳音率领研发团队步履不停挺进雄安新区白洋淀，开展试点实验，但白洋淀底泥与星云湖底泥性状存在极大的差异，“天航壹号”助滤剂出现了严重的“水土不服”。黄佳音的“倔劲儿”上来了，针对白洋淀特定的底泥属性和性状，进行絮凝和助滤小试试验，很快白洋淀专用“天航贰号”助滤剂及适用于疏浚底泥脱水絮凝的“天航叁号”多孔生物聚合剂相继问世。

但黄佳音并没有止步于此。依托创新工作室，她带领团队一次次进行科研与成果转化，攻关河湖内源治理工程领域的一系列“卡脖子”技术难题，形成河湖内源治理领域具有我国自主知识产权的“233”产品体系，成功探索出底泥资源规模化应用的新模式，构建出该细分领域的核心专利群。此后在太湖、官厅水库等生态清淤工程，都留

下了她坚实的足迹。而她也先后获得了天津市三八红旗手、中交集团优秀共产党员、先进科技工作者、环保标兵等荣誉称号。

中交BIM队伍中的铁娘子

白洋淀底泥如何分布、达州数字产业园智慧楼宇是如何快速检查施工问题、平陆运河航道工程施工模拟，这些问题都被中交生态环保院副总工、疏浚 BIM 中心主任田会静所带领的 BIM 团队一一解决，这支平均年龄 20 来岁的年轻团队，也才刚满 7 岁。

2018 年，田会静接到任务，负责组建公司的 BIM 团队，对于 BIM 技术，彼时的田会静是陌生的，纠结再三后她还是选择接下这个任务。在她的号召下，几位年轻而富有朝气的员工加入了这个团队。8 人，60 天，全部考取 BIM 证书，是她带领团队打下的第一场战役。

7 年来，田会静与团队不断历练成长，已发展壮大成为拥有 10 多名技术骨干的强大团队。在攻克一个又一个项目中，他们不断挑战自我、超越自我。

在白洋淀内源治理试点项目中，田会静带领团队首次创建了生态清淤工程“三端一云”智慧管理平台，采用BIM+GIS+IoT”相结合的技术，通过“一张图”方式呈现，打通了微观领域的 BIM 信息、物联感知和宏观领域的 GIS 信息，成为雄安新区首个生态清淤工程 BIM 应用样板，同时开辟了一种实时、精准、低干扰的生态清淤工程管理模式，以信息化为驱动，结合可视化的界面互动、规范化的应用流程、标准化的管理体系，提升了项目管理水平和工程品质。该技术成果经天津市科学技术评价中心鉴定为“国际领先”水平。

田会静

2022 年，她的团队“自立门户”从数字科技中心分离，成为天航局 BIM 中心，借着这个契机，她带领专业团队积极参与中交集团 BIM 分中心申报工作，从 26 家申报单位中脱颖而出，成功入选为中交集团首批认定的 13 家 BIM 分中心。分中心的成功申报是天航局截至目前唯一中交集团认定的科技平台，具有里程碑意义。

事业发展至今，田会静和同伴用实际行动，打破了国外疏浚核心技术的垄断，为疏浚装备的国产化做出了突出贡献。在荣誉和成就的背后，是田会静与团队成员的不懈努力和坚持。在团队中她是所有人的“知心大姐”，大家都喜欢叫她一声亲切而温暖的“田姐”，这就是她和团队的故事，这就是田会静，一位对技术精益求精、对工作超越自我的巾帼“铁娘子”。

榜样为灯　追光前行

作为一个工程技术人员，同时也是一名父亲，李淼曾自豪地向女儿这样介绍自己所在的单位：“天航局的工作就是疏通航道，吹填造陆，把咱们的祖国建设得越来越好。而测量又是工程的眼睛，为施工指引方向。”当被问及难忘的故事，李淼这样说道：“在非洲的纳米比亚，水下有硫化氢毒气，我的同事化身‘排毒勇士’，戴着防毒面具完成了测量工作。在东南亚的缅甸，施工过程中在水下发现炸弹，我的同事又化身‘扫雷高手’，利用先进的技术把炸弹的位置精确测量出来，让项目顺利进行下去。”

谈到工作中最难忘的事，映入李淼脑海的是远离陆地的一次海洋基建项目。他听闻项目开工，千里驰援，奔赴现场。当时项目还在筹划阶段，整个中交集团参建的只有李淼等三人，一切都还不明朗。他之所以主动请缨，就是因为抱着一个坚定的信念：国家需要我，我就要站出来！当时，那里几乎一点基础设施都没有，甚至连个固定睡觉的地方都没有。他睡过小渔船低矮的船舱，脚趾曾被不知道是老鼠还是蟑螂咬破；他也在登陆舰的底舱打过地铺，一边是几百桶炸礁的炸药，一边是不停渗进来的海水；最豪华的住所是“天鲸号”的驾驶室，在他看来这间驾驶室，堪比五星级酒店客房。唯一的缺点就是在开挖坚硬的珊瑚礁外壳时，整个船体都会剧烈抖动，人就像睡在打桩机上，一夜过去骨头都要被震散架了。

李淼

其实，条件的艰苦不算什么，真正痛苦的还是内心的煎熬。奔赴现场时，他刚结婚不久，妻子一直有严重的偏

头疼。而身在老家的老父亲当时也刚刚做了膝盖骨折的手术，行动不便。但听说李淼承担了远方的任务，老两口一合计，老母亲独自一人来到了天津照顾儿媳，就是为了让李淼专心工作，没有后顾之忧。

当交通船离开陆地时，李淼发消息告诉家人手机马上就要没有信号了，可能四五天后才能再联系。谁知一失联就是一个多月。老母亲焦急地拨打了无数次电话，食不知味，寝不能眠，有时还会幻听手机铃响。而他的妻子在绝望中开始每天给他的邮箱写一封信。后来每当李淼读到这些信依然会热泪盈眶。

但是，在个人内心纠结的同时，李淼并没有忘记他肩负的使命，反而更专注地倾尽所能来助推项目进展。当需要图纸而现场又没有绘图仪的时候，他用 A4 纸分块打印，一张张拼贴出一幅好几米长的大图，而接缝处丝毫不差；当急需寻找水下重要部件时，他主动拿出自己的单反相机加上防水套入水拍摄，配合 GPS 很快就找到部件；当“天鲸号”在夜晚紧急避风而没有电子图导航时，他又主动将纸质海图转为 CAD 导入电脑给船长作参考。主动承担这些工作的时候，他只有一个想法：“必须用我的专业知识，来为这个项目保驾护航。”而他所做的一切，也最终为他赢得了“全国技术能手”等一系列荣誉。2014 年 8 月，李淼被天航局授予“先进个人”。在表彰会上再次见到天鲸号船长时，船长给了李淼一个热烈的拥抱：“真有幸遇到你这样一个认真负责的测量队长。多亏了你，咱们的项目才能保质保量完成”。奋斗、拼搏、勇往直前，测绘人精神一次次在祖国建设的事业中放射出耀眼的光芒。

王小龙

以心为尺　智测山海

“这是我们早期使用的测绘装备，这边的无人机、无人船是我们现在使用的装备”，走进测绘装备库，生态环保院王小龙如数家珍般介绍着整齐排列在白色货架上的各种仪器设备。

今年 37 岁的王小龙，从事测绘工作已经 15 个年头了，多次获得国家级和集团级的各项荣誉。出现场、做课题、搞发明，他的脚步一再走在生产和科研一线从未止步。在他主持或参与的20多个项目中，令他印象最深刻的是在国外的一次测量。“那一次，真的太危险了，差一点有去无回”他所说的是作为“一带一路”大型能源进口合作的招牌工程“中缅原油项目”。

“拿好测绘装备，马上出发……”接到电话王小龙有点懵，但是作为一名专业的测绘人员，他马上投入战斗状态，不到48小时，他便赶到项目现场。原来在施工现场的水中出现疑似未知爆炸物。面对炸弹探测这一个新的领域，王小龙没有退缩，凭借过硬的业务知识储备以及对各种不同类型设备性能的深入了解，通过仪器测试，陆地数据采集分析建模，研究磁力仪海上作业精确定深测量的可行性及作业方法。在近乎一周的不眠不休后，王小龙终于实现技术突破，研究出了一套使用磁力仪、侧扫声纳和多波束测深系统联合作业探测海底铁磁性物体的技术方法，实现了微小爆炸物（长度20厘米，重量3千克以内）的精细定位，定点排除了爆炸物，保障了航道疏浚，油气船舶按时进港，为公司创造1030万元经济效益。

对技术的精益求精，源于王小龙对测绘事业的无限热爱。2017年，无人智慧装备出现在测绘领域，他敏锐地意识到行业变革的方向，并在第一时间走访国内各大厂家和高校，深入调研学习，带领团队自主研发出测量无人船。以王小龙为主要负责人，自主研发的无人机航摄精确方量计量系统更是达到了国际先进水平。

通过他和团队的共同努力，实现了生态环保院在无人机航摄技术、无人船测深技术等领域零的突破，以及行业内的领先发展。

在10余年的工作生涯中他坚守测量一线，深耕测绘技术，秉承着测绘人求真务实的科学和探索精神，持续创新，做到技术引领，为公司发展贡献更多智慧和力量。■

红色基因 电科传承

中国电子科技集团公司第四十六研究所

中国电子科技集团公司第四十六研究所（以下简称中国电科 46 所），是国内最早从事半导体材料、光纤材料以及微波介质材料等电子材料研究开发的单位之一，是国内研制新型电子材料领域方向最多、门类最齐全的专业研究机构。

中国电科 46 所是中国电子材料行业协会理事长单位，拥有“国家电子功能及辅助材料质量监督检验中心”和集团公司“新型半导体晶体材料技术”重点实验室。

在不断发展中，中国电科 46 所不但拥有坐落于河西区陈塘庄工业园区的本部，而且拥有位于津南区八里台镇的分部。在 1005 名职工中（截至 2023 年底），享受国务院特殊津贴专家 4 人，集团公司首席科学家 2 人，首席专家 1 人，天津市“131”人才工程第一层次人选 2 人。

天津市河西区洞庭路 26 号

▎理化分析检测中心筹建办公室旧貌

▎理化分析检测中心原址

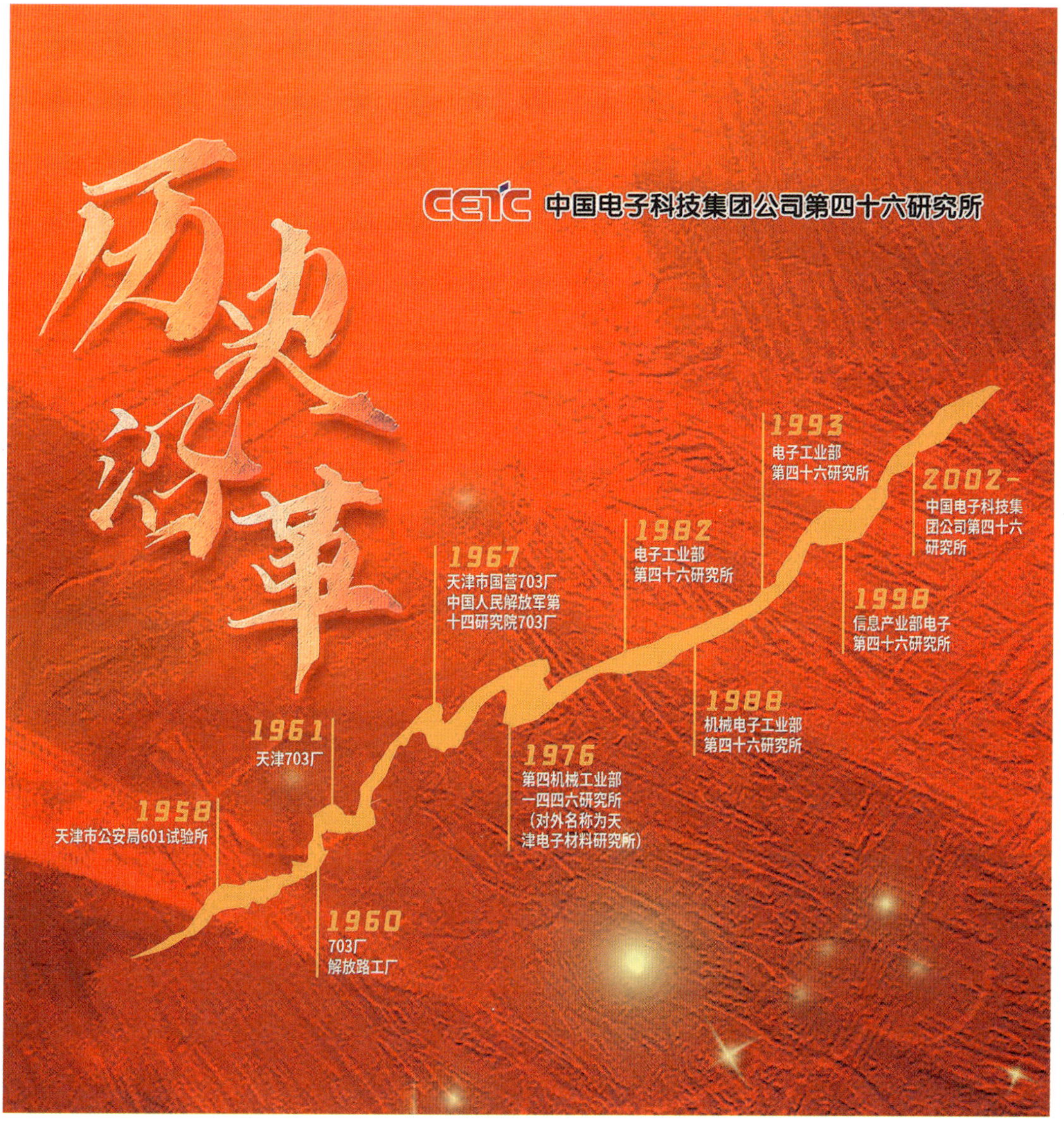

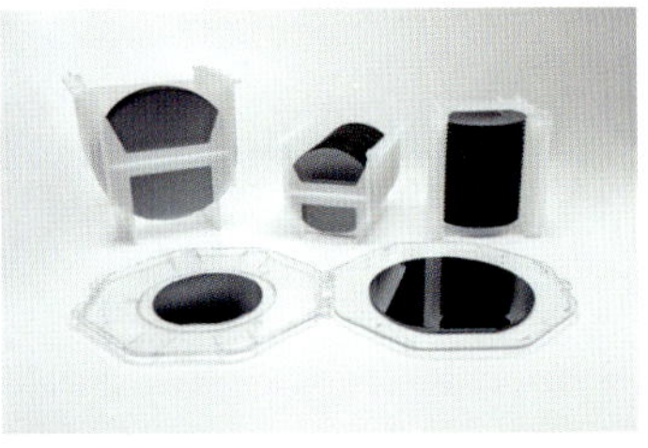

砥砺前行　不负韶华

建所 60 多年来，中国电科 46 所一直致力于为我国电子信息产业提供高性能、高可靠性的支撑电子材料，创造了国内多项行业第一，其中包括我国第一颗硅单晶、第一颗四英寸砷化镓单晶、第一颗六英寸砷化镓单晶及第一批熊猫型保偏光纤等，同时参与了我国“东方红”“北斗”等重点科研项目。中国电科 46 所先后取得了 409 项科研成果，共获得省部级以上奖励 145 项。

目前，中国电科 46 所在微电子材料、半导体材料领域中，硅单晶、抛光片、外延等已形成大规模产业化能力，锗单晶、砷化镓、磷化铟、碳化硅、氮化镓已形成了批产或工程化能力；在超宽禁带半导体领域中，金刚石、氮化铝和氧化镓水平处于国内头部位置；在光电子材料领域中，保偏光纤、激光光纤和传能光纤等特种光线材料已具备研发和工程化批量供货能力；在陶瓷基板和电子陶瓷领域，微波复合介质基板和铝基板已具备工程化能力，压电陶瓷等电子陶瓷材料已具备小批量供货能力。

中国电科 46 所的“拳头”产品先后问世。这些产品以优异的性能填补了行业领域空白，在各个重要的行业领域发挥着巨大作用。

直拉硅单晶抛光片是我国第一颗硅单晶，具有几何精度高、表面质量好、产品稳定性高等特点。中国电科 46 所是国内唯一一家一直致力于探测器用高阻、高纯区熔硅单晶的研制单位。红外光学用硅材料是制作硅光学镜头的关键材料，其具备 3 微米至 5 微米波段透过率高、可加工性好、热导率高、机械性能好等优势。砷化镓单晶抛光片具有良好的电阻率均匀性，位错密度、表面质量等技术指标均位于行业前列，可达到“开盒即用”的水平。微波复合介质基板材料涵盖 PTFE 系列、碳氢系列基板以及多层微波电路用粘接材料，可满足各类天线单位、微波组件应用需求。中国电科 46 所的特种光纤，种类齐全，具备前沿研发、批量生产能力，技术水平国内领先，在细分市场具有极大优势。此外，中国电科 46 所目前还拥有成熟的四极和十六极对称绕制、排丝缠绕和多种附胶封装技术，可满足不同精度陀螺产品的需求。

一个个产品看似微小，却在一些关键位置无可替代，它们共同筑起了一道强有力的防线，为国为民护佑平安。

（左一）纯水站

（左二）直拉硅单晶抛光片

（左三）高阻区熔硅单晶抛光片

（左四）红外光学用硅材料

（左五）β－氧化镓单晶片

（左六）特种光纤

（右上）微波复合介质基板

（右下）砷化镓单晶抛光片

追“光”逐梦——衣永青

周末的一天，中国电科 46 所实验室里，衣永青正聚精会神地做着实验，作为天津市特种光纤材料重点实验室带头人，和一名常年扎根生产一线的科研工作者，周末加班对她来说早就习以为常。从同济大学毕业后来到中国电科 46 所，衣永青从此便和特种光纤结缘，成为一名“追光人”。

那束“光”在晶莹剔透的微观世界里穿行，始终吸引着她，陪伴着她。为了突破长久以来制约我国高能光纤激光器发展的技术难题，2017 年国家设立重大专项，衣永青成了项目负责人。她深感责任重大、使命光荣，为了得

（上）特种光纤

（下）衣永青一线攻关

到完美的光纤折射率分布曲线，以及更加优良的性能参数，衣永青和团队成员通宵达旦，埋头在实验室，查阅文献资料、研究掺杂机理、设计实验方案，日复一日看似枯燥的重复劳作，并没有让她感到丝毫厌烦，而是以女性特有的严谨细腻和坚韧不拔，一点一点向技术突破口挺进。

因为热爱，所以专注，她从细微处着手，追求极致。衣永青认为："科研工作看似很枯燥，但是对我来说，其实是乐在其中，因为我觉得每天你多努力一点，比别人多付出一点，总有一天会得到回报。当你看到你的成果，会觉得非常开心，觉得之前所有的努力，所有的付出都是值得的。"在经历无数次彻夜攻关，做了成百上千次实验后，衣永青团队成功突破技术瓶颈，首次研制出满足高能激光器应用需求的高质量激光光纤。2020 年和 2021 年，他们研制的高性能激光光纤，相继实现单纤高功率长时间稳定激光输出，达到国产激光光纤最高水平，国际同类光纤领先水平。2023 年，他们研制的窄线宽激光光纤，又一次实现技术突破，走在行业前端，满足了国家装备急需。

20 多载追"光"之路，衣永青心怀"国之大者"，承担了 30 余项国家重点科研项目，在基础理论研究和工艺技术创新等方面，取得了巨大突破，为国家特种光纤材料的快速发展，做出了突出贡献。她先后被授予全国五一劳动奖章、天津市三八红旗手等荣誉称号，谱写了属于研发人的绚丽篇章，她也成为其他科研人员心里的一道"光"，让他们找到前行的方向。

乘风破浪　勇往直前

为提升半导体产业链的自主能力，中国电科46所将发挥自身优势，自主创新，逐渐形成半导体材料、工艺、器件、模块的半导体产业链，为新质生产力的发展提供支撑。中国电科46所将坚持稳中求进，坚持创新驱动，着力打造国家级新型电子功能材料创新中心、工程化平台和科技成果产业化孵化基地，力争成为国家新型电子功能材料研发和工程化的保障平台。

光电之盾 护卫安全

754天津光电集团有限公司

天津光电集团有限公司成立于 1950 年，是一家具有红色背景的主要从事信息安全相关产品生产和研发的公司。

红色基因

1949 年，中国航空公司、中央航空公司在香港发动“两航起义”。1950 年，民航局以“两航起义”人员为班底组建了具有红色基因的天津电信修配厂。

1952 年，工厂按照国家指示正式走上了信息安全之路，经周恩来总理批准，更名为总参谋部电讯实验工厂。工厂大力研发生产通信产品，在抗美援朝、万隆会议等诸多重大历史事件中都有工厂产品的身影。

1960 年，工厂被赋予第二厂名——国营 754 厂。这

天津市河西区泰山路 6 号

个名字一直被保留至今，成了光电集团一个响亮的品牌。

工厂建立之初便开展了科研工作，在首任厂长兼总工程师杭效祖的带领下，开始了汉字通讯终端设备——华文传字机的研制。20 世纪 50 年代初，国外的半导体电子工业也还处于萌芽状态，而我国的工业本就落后，科研设备及器材更是奇缺，研制这样一款产品的难度可想而知。在巨大的困难面前，研发人员毫不动摇，利用现有的电讯器材，边设计边试装，攻克了一个又一个的技术难关。经过短短几个月的反复调试，终于试制成功了第一台华文传字机的样机！在一地发送另一地接收的调试纸带上，出现了醒目的七个字“中国共产党万岁”！这是工厂全体员工对党充满激情的敬意与感谢！时任民航局唐凯副局长和杭效祖厂长将样机带去北京，向朱德总司令做了汇报，受到了党中央的嘉奖和鼓励。华文传字机也是后来大量使用的图文传真机的雏形，我国文字传真机的鼻祖就这样诞生了！

业务布局

2003 年 6 月，工厂更名为天津光电集团有限公司，翻开了公司发展历史崭新的篇章。公司现有 9 家控股和参股企业（2 家新三板企业），员工总数 1000 余人，研发人员占到 35% 以上。公司主要从事专用设备、信创国产化替代、新能源新型电子器件等领域的研发、生产和服务。目前，公司有两个厂区，分别位于河西区泰山路 6 号与梅江道 4 号。

公司拥有 1 个国家级企业技术中心，3 个市级企业技术中心，1 个市级工业胶粘剂工程中心，1 个市级汽车发动机点火控制技术工程中心，1 个博士后科研工作站，4 个校企联合实验室，5 个专精特新企业；形成了新一代通信技术、新能源、汽车电子、核心软件等产品，为国防事业做出了突出贡献。

公司下属控股企业中，光电聚能公司主要从事信息安全产品、屏蔽室建设、系统集成和商用密码产品的研发、生产、销售，多年来一直为国家党政机关提供各类信息安

（下一）工厂旧址

（下二）留津“两航起义”人员合影

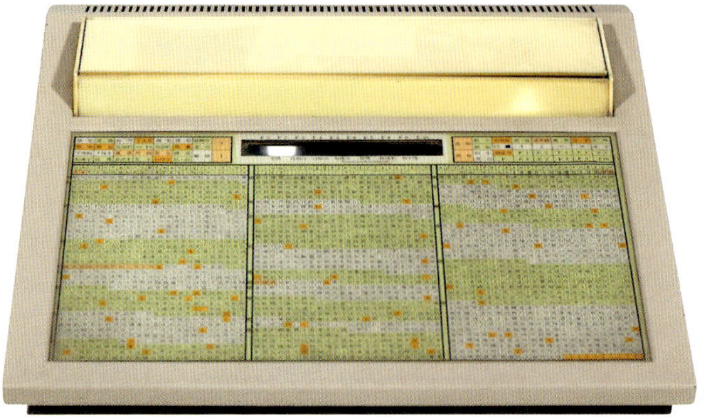

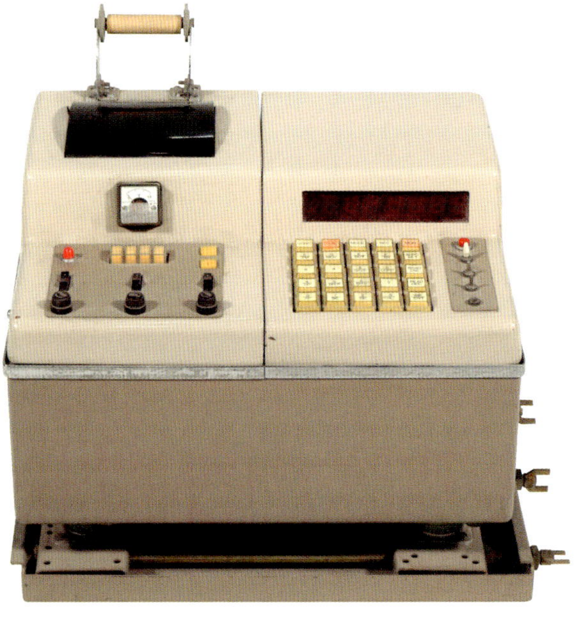

全产品。光电惠高公司专业从事电子变压器、电感器、线圈、扼流圈以及开关电源的设计和制造，同时为传感、工业仪表、自动化、医疗等领域的客户提供专业的电子制造服务。公司 85% 的产品出口到北美洲、欧洲等地区及日本等国家。公司所生产的 600W 三路输出开关电源产品销往全球，占比医疗领域类电源达到 70%。

七五四光电技术公司着力打造以高端装备制造、软件信息化建设、人工智能、产业数字化升级等全方位多维度发展的产业信息化综合集成服务平台。光电信安公司致力于国产高性能、高适配、高可用的交换机、服务器等产品的设计研发和产业化推广，同时集成最新申威芯片方案，联合众多国产软硬件生态厂商，提供先进的自主国产化信息系统整体解决方案，支撑信息安全、数据安全和重要的工业安全。光电华典公司是一家专业从事监测技术的企业，聚焦节能与环保领域，围绕在线监测技术进行深度应用与创新，重点搭建并完善了智能照明控制平台、在线环境监测与处理平台，完善自主的核心产品。

（上）电动中文打字机

（下）铁路售票机

护卫安全

公司在发展历程中，横跨多个时代，成功研发并推出了电动中文打字机、铁路售票系统、先进的涉密视频监控系统及高性能交换机等一系列产品。这些创新成果深深植根于国家经济与民众生活的每一个角落，发挥着不可或缺的作用。它们不仅标志着我国在关键技术领域实现了对国外技术封锁的有效突破和自主创新能力的显著提升，还说明我国在科技自立自强道路上迈出了坚定的步伐。

涉密视频监控系统是集安全保密摄像机、加固模块、管理软件、存储设备与解码器于一体的综合解决方案，确保视频数据从采集到传输、存储、查看全程安全无忧。该系统广泛应用于银行、交通、政府、教育及关键基础设施等领域，有效提升了安全防范能力，实现远程监控与即时响应，保障公共安全与业务连续性。

高性能企业级汇聚 / 数据中心接入交换机，专为高密万兆以太网设计，全面满足下一代数据中心与企业网络的严苛需求，配备完善的系统软件，支持多样化协议与应用程序，加速业务部署，简化管理。该设备被广泛应用于大型数据中心、企业核心网络及云计算环境，确保高效、稳定的网络连接与数据处理能力。

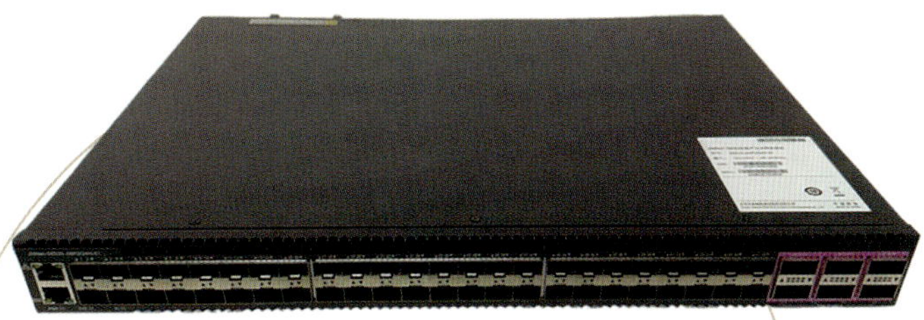

（上）国产化交换机

（下）SM 视频监控系统

（右上）泰山路厂区

（右下）梅江厂区

展望未来

未来，公司将以“传承文化，发展经济”为中心，依托专用设备和新型电子器件两大产业，以人才、研发、项目为依靠，继续完善公司治理，形成系统完备、科学规范、运行高效的现代化企业治理体系，实现专用设备企业资本化上市、推动新三板企业北交所上市，逐步迈向产业链高端，提高市场竞争力，推动公司实现高质量发展。

后 记

走在厚重的海河流淌的大地上，穿梭在散发着浓郁历史人文气息的小巷中，回想本书编写过程的点点滴滴，很是感慨，感慨这片神奇土地孕育出了如此多“中华老字号”“津门老字号”，感慨这片土地的热血与担当，津门企业前仆后继、苦中作乐、奋勇当先，为助力实现中华民族伟大复兴的中国梦做出贡献。而拥有深厚的文化底蕴、丰富的旅游资源，以及强大的产业发展优势的河西区，也在其中发挥了重要作用。

如何才能记录这些“老字号”“名企业”，记录它们的辉煌业绩，始终萦绕在编者的心中。走过一家家门店，穿过一座座工厂，赏析一家家史料馆，看着那一件件、一桩桩振奋人心、动人心扉的故事，有了！那些精益求精、努力奋斗的匠人匠心不正是新时代所需要的吗？

在相关单位的配合下，编者以“匠心”为切入点，以天津市知名“老字号”“老非遗”和行业领军单位为对象，深度挖掘这些单位的奋斗史、变迁史以及匠人匠心，以期本书不仅能够记录这些单位的故事，还能够成为津门的“匠心”史料。

一本薄薄的书籍并不能反映这些单位的全貌，编者希望读者能够通过这些记述对这些单位能有所了解，更希望读者能够了解这些单位在自身发展的过程中为河西、为天津、为中国的繁荣发展做出的贡献，同时也希望读者能够汲取这些故事中的养分，以为勉励，走出自己的坦途。■